图 3-1 柴窑红釉双兽耳弦纹葵口瓶

图 1 红山文化玉兽

图 2 红山文化玉蝉

图 3-2 柴窑红釉双兽耳弦纹葵口瓶"柴"字款底

图 4 元朝长颈塑雕龙纹荸荠瓶

图 5 宋青瓷贯耳瓶

图 6-1 南宋汝窑乾隆御题笔洗

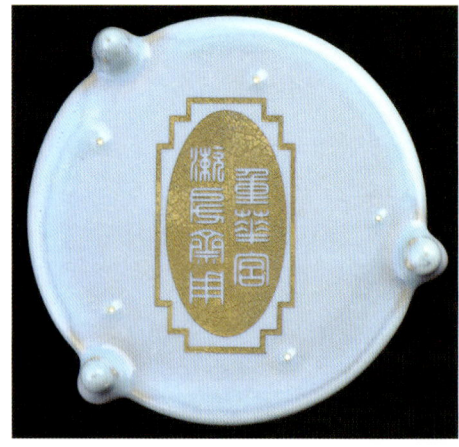

图 6-2 南宋汝窑乾隆御题笔洗底部

图 7 北宋汝窑颈镶金瓶

图 8 北宋汝窑粉青釉长颈瓶

图 9 北宋汝窑鸟形洗

图 10 北宋汝窑玛瑙釉桃形洗

图 11 南宋官窑龙凤六耳方炉

图 12 北宋官窑贯耳瓶

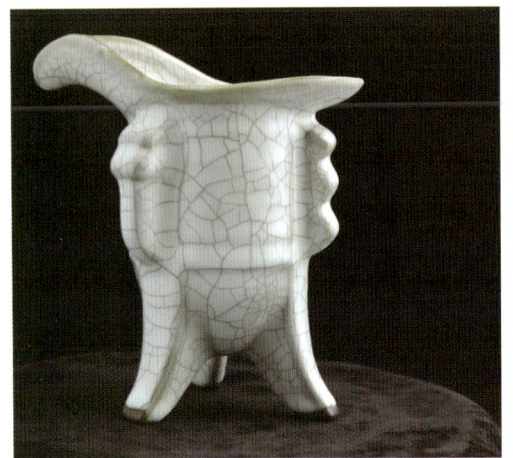

图 13 南宋官窑爵杯

图 14 北宋哥窑多棱扁瓶

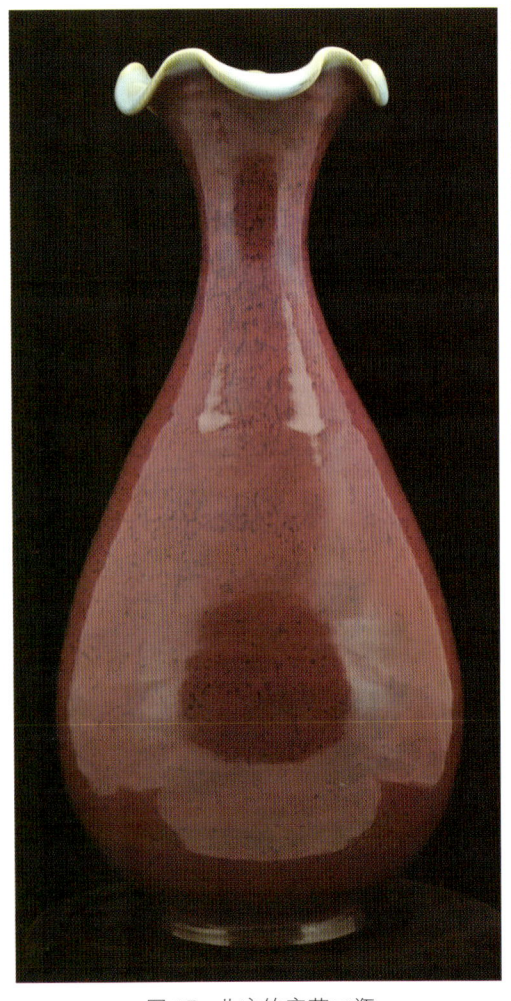

图 15 北宋钧窑葵口瓶

图 16 南宋修内司钧窑洗

图 17 北宋钧窑带匣钵碗

图 19 南宋定窑尚药局雕龙药罐

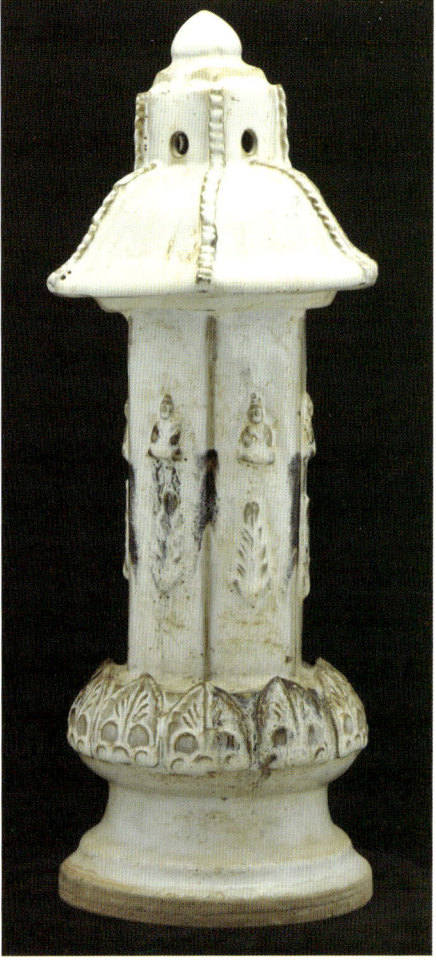

图 18 唐钧窑佛造像塔

图 20 宋青瓷孩儿枕

图 21 宋青瓷六棱贯耳瓶

图 22 元青花至正十一年龙纹象耳瓶

图 23 元青花人物纹罐

图 24 元青花人物纹瓶

图 25 元青花双兽耳菱口人物纹瓶

图 26 元青花四系龙凤纹扁壶

图 27 元青花双兽耳人物纹盘口罐

图 28 元青花人物纹朝天耳香炉

图 29 元青花爱瓷人物执壶

图 31 元青花八仙人物玉壶春瓶

图 30 元釉里红人物纹双耳瓶

图 32 元青花人物纹蒜头瓶

图 33　元青花麒麟八宝纹扁壶

图 34　元枢府白瓷凤头扁壶

图 35　元青花童女塑雕孩儿枕

图 36　元青花童男塑雕孩儿枕

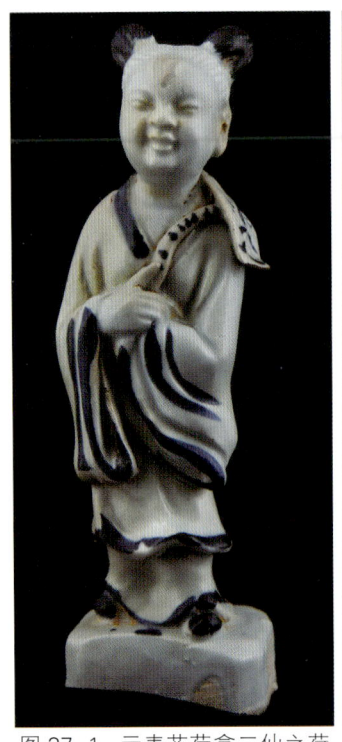  

图 39-1 元初釉里红鹤藻纹双龙耳夜光釉扁壶

图 37-1 元青花荷盒二仙之荷仙人物雕刻正面　　37-2 元青花荷盒二仙之荷仙人物雕刻背面

 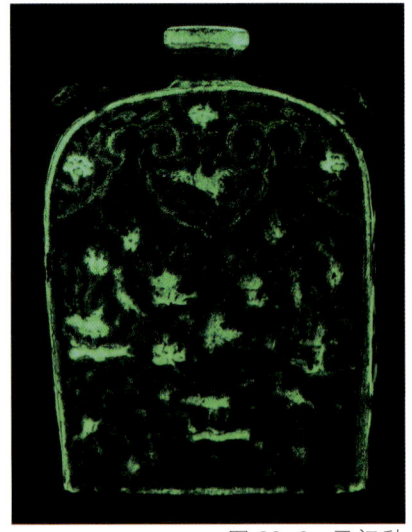

图 39-2 元初釉里红鹤藻纹双龙耳夜光釉扁壶夜光状

图 38　元青花六棱双龙耳人物大瓶　　　图 40　元青花五彩十八罗汉大盘

图 41 元青花龙泉釉人物盘

图 42 元釉里红龙纹八棱梅瓶

图 43 明洪武龙纹塔式大罐

图 44 明建文青花釉里红龙纹杯

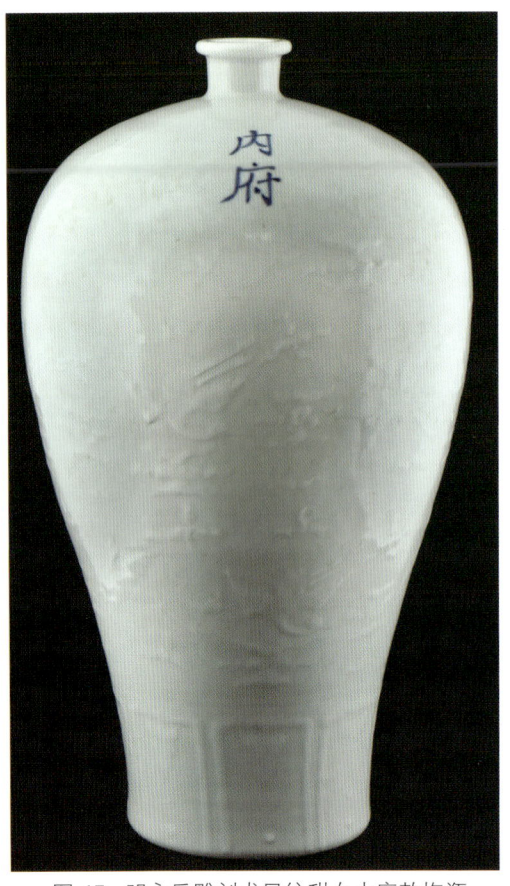

图 45 明永乐雕刻龙凤纹甜白内府款梅瓶

图 46-1 明永乐款托盘压手杯

图 46-2 明永乐款托盘压手杯底

图 47 明宣德蓝底龙纹内府款侈口瓶

图 48 明宣德花果纹双耳扁瓶

图 49 明宣德蓝底龙纹双耳瓶

图 51 明天顺款人物罐

图 50 明宣德海水江崖龙纹御笔盒

图 52-1 大明成化款青花夔龙纹碗

图 52-2 大明成化款青花夔龙纹碗底

图 53　大明成化款四妃十六子纹盖罐内书昭德宫珍藏

图 55　清雍正珐琅彩花卉纹瓶

图 54　清康熙珐琅彩蓝底花卉纹碗

图 56　清乾隆珐琅彩杏林春燕碗

图 57　清乾隆黄釉镂空鸳鸯莲池纹鱼篓罐

图 58　元青花虫鸟花卉纹波斯瓶

图 60　元胡人训兽门墩

图 59　北京松堂博物馆

图 61 元五彩昭君出塞罐

图 63 李松堂馆长讲解博物馆藏品

图 62 北京松堂元青花博物馆隆重开馆

图 64 收藏家在研究瓷器

沉石对话大藏家李松堂

至宝在中国
惊现绝迹千年的瓷帝柴窑

沉石／李松堂 ◎ 著

新世界出版社
NEW WORLD PRESS

图书在版编目（CIP）数据

至宝在中国：惊现绝迹千年的瓷帝柴窑 / 沉石，李松堂著. -- 北京：新世界出版社，2015.12
ISBN 978-7-5104-5426-4

Ⅰ. ①至… Ⅱ. ①沉… ②李… Ⅲ. ①古代陶瓷-开封市-后周-问题解答 ②瓷窑遗址-开封市-后周-问题解答 Ⅳ. ①K876.34-44②K878.54-44

中国版本图书馆CIP数据核字（2015）第229315号

至宝在中国——惊现绝迹千年的瓷帝柴窑

作　　者：	沉石　李松堂
责任编辑：	曲静敏
责任印制：	李一鸣　黄厚清
出版发行：	新世界出版社
社　　址：	北京西城区百万庄大街24号（100037）
发 行 部：	（010）6899 5968　　（010）6899 8705（传真）
总 编 室：	（010）6899 5424　　（010）6832 6679（传真）
	http://www.nwp.cn
	http://www.nwp.com.cn
版 权 部：	+8610 6899 6306
版权部电子信箱：	nwpcd@sina.com
印　　刷：	三河市骏杰印刷有限公司
经　　销：	新华书店
开　　本：	710mm×1000mm　1/16
字　　数：	207千字　印张：15.5
版　　次：	2015年12月第1版　2015年12月第1次印刷
书　　号：	ISBN 978-7-5104-5426-4
定　　价：	36.80元

版权所有，侵权必究
凡购本社图书，如有缺页、倒页、脱页等印装错误，可随时退换。
客服电话：（010）6899 8638

序

寻找千年至宝柴窑

沉石

在探索中华文化的艰苦过程中，最早是在北大听季羡林老师的课，他讲述的是敦煌，尤其讲到了敦煌莫高窟遭受到外国人的不断掠夺和破坏，在季羡林老师敦煌思想的影响下，我心中充满了强烈探索和书写敦煌的欲望。走遍那一带西域残缺的荒漠，写出了《寻找敦煌》《敦煌，又发现了新敦煌》《聆听季羡林老师谈敦煌》等多篇文化论文并在《解放军报》发表。特别是《敦煌，又发现了新敦煌》这篇文章在中央人民广播电台早晨"报纸摘要"节目，用了15分钟播出，把一个沉睡半个世纪的榆林窟让世界知道了，这在中央人民广播电台的"报纸摘要"节目中是罕见的，播出后立即在国内外引起反响，随后香港有关媒体以《一则惊动世界的文化新闻》为题发表，很快，同敦煌莫高窟在内容、艺术风格、绘画形式方面一脉相承，同为姊妹窟的榆林窟被迅速传播开。随后国家相关部门高度重视，投入资金维护，并修路开发榆林窟。这件事对我震动很大，开始了深深的思考。中华千年文明和中华悠久的文化，还有许许多多没有被发现，我作为国家级报社的文化记者和作家，要探寻的文化课题还很多。

记得有一天寒冬深夜，我突然接到一个电话，内蒙古敖汉发掘出了距

今约八千年的原始部落遗址，放下电话，我穿上军大衣直奔火车站，一刻也没耽误便赶到了敖汉山包的原始遗址。国家著名的考古专家先后赶到。茫茫荒野的山梁，被探测开掘的遗址中，可以看到约八千年前古人靠山而建的半地下居住群落，让人惊奇的是有住宅区和活动区，甚至还有"会议区"。随之出土的器物有夹砂陶器、石器、骨器、玉器、动物骨骼、植物果核等。专家把这最典型的地域发现，认定为距今约八千年的文明和文化。此地还发掘出很多处红山文化遗址。在这之前，常常提到中华文明五千年，敖汉的考古发现让人无比振奋。我写的独家文章《敖汉，中华文明提前三千年》在《解放军报》发表，该文引起世界的关注。我还记得文章的开头这样写道：多少年来，每个中华儿女，无不为辉煌灿烂的五千年中华民族文化而骄傲。而今，一下子将中华历史文化提前了三千年，使中华民族文化五千年的历史改写为八千年。这一重大发现，不仅震惊了神州大地，而且吸引着国内外诸多考古专家研究考察。新世纪第一个马年到来之际，来自国内外的考古专家、学者，云集到内蒙古赤峰市敖汉旗，亲身领略华夏第一村八千年的文化底蕴，无不感到在敖汉这片 8300 平方公里古老而神奇的土地上，饱含着浓厚而悠久的文化魅力。（红山文化文物见本书彩图 1、彩图 2）

在我们考古中，发掘出不同时期的大量文物，有青铜器，有古老青白玉器，而在陶瓷文物的发掘方面，清朝瓷器数量较大，盛名远扬的元朝青花瓷却很少，而后周烧造的"柴窑"至今无影无踪。我国是很早发明、使用瓷器的国家，唐始尚窑器，柴周以后，降及宋世，柴、汝、官、哥、定、龙泉、均州、建安等各窑竞出。古窑以柴、汝最重，官、定次之，历岁已久，流传绝少，柴窑之器，后世几乎没有人见过。

元青花虽少，但毕竟有实物，人们不觉得太遗憾。然而柴窑和柴窑器却在社会上未曾露面，越是没见过，人们越是念想。

我知道，近些年有些人甚至把柴窑去掉，原因是从来没有见过。这是一种荒唐和不负责任的做法，使我有一种难言之痛。一位不愿透露姓名的考古学家说，真正的大收藏家在民间，从不露山显水。我们这么大的国家，相信一定会有大藏家，就看有没有本事去发现了！

这话，我记得很深刻，多年来，我特别用心在全国各地民间寻找真正的大藏家。

于是，我走遍了大江南北，在许多有历史窑址的地方，寻找中国民间的大藏家。在这个寻找中，让我感兴趣的是失去信息的柴窑，它在哪里？民间大藏家手里究竟有没有？让我着迷般地寻觅。对于柴窑在何处，无论是从一些专家的推测中，还是寻求史料，都没有明确的地方。有的说在河南郑州、河南开封，有的说在江西，也有的说在浙江等等。早年，我沿着黄河、长江探寻民间的藏家高人。我在河南的郑州、开封、洛阳、新乡逐一寻找，在当地朋友的帮助下，几乎走遍一些传说中的山村地头，也见过一些民间藏家，除了看到一些钧瓷和唐三彩，没有见过柴窑瓷器的半点影子。又有人说，也可能在长江边的荆州、宜昌一带，那里曾是三国时期魏、蜀、吴三国交汇活动较多的地方。于是，我又循着这条线索，沿着长江边的荆州、宜昌一带广为寻访，可是，走遍大大小小的县镇乡村，除了留下寻访的足迹，得到一些其他历史遗迹的发现或线索外，依旧无"柴"而归。

一时间，寻找柴窑，简直成了我追求的梦，那些关于柴窑的种种传说和故事缠绕着我的心灵。无论谁说出一点关于柴窑的信息和线索，我都会去听听看看，然而，假的信息和伪的东西太多。我走遍江西景德镇的百里旧窑址，甚至遥想从竹林、荒处发现点什么；在定窑遗址，我下到了窑洞残存的下面，面对遗址我发问过，真的不知柴窑在哪里！那年夏天，我又去了浙江龙泉，走山路在龙泉的旧窑址寻找，接触了一些健在的龙泉瓷烧造专家，我实地了解到青瓷烧得非常薄和精美，但没有获得一丝和柴窑相连的信息。

后来柴窑出现了,我从一本书上看见了一尊柴窑,看完后,我才发现是日本对中如云先生写的《至宝·千年之旅——发现绝迹千年的柴窑》,作者以他收藏的"青百合花瓶",对照历史文献记载的柴窑瓷器的"雨过天青云破处"色调,认为其"青百合花瓶"独特的釉色与文献的描述最为接近;其次,文献中所写柴窑"薄如纸","青百合花瓶"的瓶口处的素胎仅有2mm的厚度也符合;更为奇妙的是,文献对柴窑瓷器的描述还有声音方面的"声如磬",对中如云先生逐一考证后,认为那是一件唯一的柴窑瓷器。书中还提到与中国某些专家沟通过,没有听到反对的意见和证据。此书立即引起世界关注,特别是在当时的中国,好像一些人也在接受"中国柴窑至宝在日本"这一事实。我在想,中国千年的柴窑至宝在中国没有发现,竟然在日本藏家手里出现了。我反复翻看着那本书,被不太清晰的"青百合花瓶"图片搅得心里不是滋味,直觉上我感到不可信服。可是,又有谁站出来,拿出属于中国千年至宝的柴窑真品说话呢!傍晚,我站在浙江龙泉河岸的宋塔边,默默地对着苍天发问:苍天呀,请告诉我,中国千年的柴窑在哪里?今天哪里能见到千年的至宝?哪怕一块小小的瓷片!在困惑之际,我联想起在我寻找柴窑的过程中所断断续续听到的传言,在河南零星听到有些人说:在北京有一位大收藏家,叫什么名字,谁也说不上来。有人还说此人非常低调,如果没记错的话,大收藏家姓李,叫什么真不知道。

循着这些零星传言,我开始下功夫在北京探寻柴窑。多年来,我频繁在北京古老的胡同中出入,有空也常去古玩市场转转,我也在一些稍有名气的藏家中排查李姓人士,但是,自己所见之人都不知道这位大藏家,所有努力都无果而终,甚至有人说,这只是传言,没影儿的事。还有一些藏家和鉴定行家对我说泄气话:只要是京城收藏家我们都知道,更别说柴窑收藏家了!别人的说辞我当然没有在意,然而多年的寻而无果,心中不免产生疑虑,果真如此吗,我心不甘!

也许真是我的真诚感应了苍天，我与多年不见的朋友叶宝在北京重逢，见到他的模样，发现他变了，变得脸色红润，快六十岁的人了，保养得如此心宽滋生，好一副普照之光。叶宝见我感触有言，知道我在为寻找民间大藏家和柴窑而发愁和不安，他没有惊异和激动，甚至压根没有提柴窑之事，只是平静地邀请我抽空到北京松堂关怀医院看看，让我去找院长李松堂。

松堂关怀医院，我早就听说过，也在电视上见过报道，是中国第一家民办临终关怀医院，一些在医院无法治愈的病人，一些家里没有能力或没法照顾的老年病人，便送到松堂关怀医院。我还知道一则消息，一些久病的老人联名写信给歌唱家关牧村，希望能当面听到她唱的歌，关牧村果真走进病房，拉着老人的手亲热地为他们唱歌。多年来，在关牧村的影响下，很多演员义务到松堂关怀医院与病人一起活动。北京大学、清华大学、中国人民大学、北京工业大学和中国传媒大学等多所大学的学生义务为住院老人服务。

去这家医院找李松堂院长，一下子让我不知原因何在？对于李松堂这个人，我不断地从脑海里搜索，没有什么地方引起我的兴趣；在网上寻查此人，他只是个默默无闻的关怀医院院长。因此，多日过去了，我也没有把采访李松堂院长这件事放在心上，更没有把这件事列入工作日程，甚至把叶宝好友的邀请也忘记了。叶宝是个极认真的人，做人做事讲究信誉，一周后，叶宝再次电话邀请我，口气中带有几分坚定。那一刻，我答应去了，说实话，还有些勉强，心里琢磨：一个关怀医院的院长，似乎不是我采访的对象。

出于对好友叶宝的尊重，我还是前往距离中国传媒大学不远处的松堂关怀医院。一幢不算高的楼房，然而，屋顶装饰得具有典型的京都民俗风格，看上去像皇家养生堂。走进院内，假山丛中隐藏着宋代和明代各个时期的碑刻和碑文，还有多种多样的老北京牌楼和石雕砖雕，形式如此丰富

和壮美。我在仔细欣赏中，脑海意识到了什么，这里潜伏着中华民族的古典文化，难道和这个李松堂院长有关？难道李松堂院长还收藏文物？难道他就是传说中收藏柴窑的李姓收藏家？

叶宝在院子里找到我时，我想立即见到这位李松堂院长，可叶宝说，李院长正在查房，让我等等。我沿着前院的小径，又发现了唐代的一些雕像，这些雕像还有敦煌时期遗存的壁画风格，我叹赏着，思考着，这些国宝级的文物和关怀医院有何关系？是哪位收藏家，或哪位传奇人物在此留下？

叶宝带着我上楼到了养老病房，让我意想不到的是，一位97岁的正宗的格格住在这里，虽说是年迈老人，但医护人员每天逗她快乐给她请安，格格才高兴，时常能唱上几句宫里的小曲；还有曾经在宋庆龄名誉主席身边工作过的女工作人员，也都九十多岁了，都在医院人员的关怀下，与大家一起开展一些娱乐活动。

李院长还是没见着，护士长说，一位80岁的老奶奶非要李院长给理发，这也成了医院中其他老人的习惯。

在小院的平台上，阳光分外明亮，我看见一位六十多岁的人在精心地为一位八十多岁的病人理发，那动作，是那样耐心和仔细，然后又拿着镜子让老人前后看看，老人满意地点头笑了。

叶宝指着说："给老人理发的人，就是李松堂院长，很多老人都喜欢让李院长理发。"

我站在一旁，静静地观察着这位李院长，一副和蔼的面容，两眼锐敏有神，非常随意，似乎有一种天然的质朴，好像不修边幅的样子，给人的感觉极为平常而亲切。听着他边剪头发边和老人聊天的口音语调，果真透出老北京人的那种纯粹和风趣。

我从许多病人的口中，知道李院长为了创办这家临终关怀医院，花掉了他和他家人多年的积蓄，照料这些面临死亡的病人，他不但不赚钱，还要贴补钱，每天都把关怀与笑容送给病人。他的善良与纯朴，还有为一个个老人奉献的爱心，的确让人钦佩。

然而，当我亲密接触李松堂院长时，他径直把我带进他办公室的一个不大的套间后，让我吃惊的是，一尊玉观音头像出现在眼前，仔细观看，应该和抗日战争发生掠夺玉观音的故事有关；还有各类的青花瓷器，我虽然不是这方面的专家，但在寻找柴窑的岁月里也接触过不少各朝代的青花瓷。李院长只是让我先看看，不一会儿，他又因病人的事被叫走了，只有叶宝相陪，他热情地让我看着一件件宝贝，也不多说话。

说真的，没想到在这么一个极不显眼的套间里，却存放着如此多的珍贵瓷器。我逐一品味着青花瓷，竟然有元青花的将军罐。凭我自己的一点知识，我看到了器物上精美的画功，还有那独特的元青花质料，还有那遗存千年的包浆丰润。

我心里不免有些惊讶，元青花在中国本来就很少，眼前的作品让我颇感不解。叶宝没解释，我希望李院长逐一为我解答。可是，李院长匆匆回来，走到身边告诉我，今天又进来一位危重病人，需要他安置。说好，邀请我明天去他的四合院看看。

我在京城去过不少四合院，走进国子监东北角的一座四合院却感觉很独特，外门外精美的装饰透露出古典文化的风范，进到院里再一瞧，处处都体现中华文化的风格，不仅有李松堂院长多年收集的老北京门墩，还有精美的民俗牌匾等等，无不彰显出中华民族传统文化的魅力。

李院长带着我穿过前院，又走进中院的环绕楼，步入一个地下层，在工作人员打开一扇门后，进到了博物馆，几十尊别致各异的青花瓷，各自摆放在厚厚的玻璃窗里。我看过全国大大小小博物馆很多，大多都是各地出土的一些文物，元青花瓷器见到的并不多，像李院长收藏的如此多的元青花，实在让人钦佩。这些元青花色彩浓郁，画功非凡，特别是那飞旋的盘龙，龙须龙爪那样飘逸，人物和山水花鸟又是那样写意，那历经近千年

所自然呈现的斑点,犹如一枚枚历史章印,述说着古老而美妙的历史故事。我知道,在众多的青花瓷中,唯独元青花的画功超越了那个时代,元代兴盛,组织了最好的画家在青花瓷器上作画;也正是元代在瓷器烧制中,皇家采用了苏麻离青钴料,才出现了如此独特的青花。

"这是元青花!太美了!"我禁不住对李院长说,"这可是元青花的精品,全国都不多见呀!"

李院长依旧很沉稳,没有表现出很激动的样子,这让我想起好友叶宝的话,真正的大藏家从不张扬。

李院长用两块吸玻璃器使劲把一扇厚厚的玻璃窗拉开,让我近距离触摸元青花历史人物罐。细心品味青花上的精美图案,真有一种穿越历史的感觉。在与李松堂的交流中,我发现他很少谈空洞的理论,而是实实在在对着每件元青花或釉里红作品,谈得具体而细致,特别是对元青花,有他独到的见解,更让我佩服的是他对元青花老道的研究和深邃的发现,及独到的带有知识产权的鉴定方法。

李松堂说起他收藏的作品,有一种超出常人的亲切感,话语中带着沉思和锐敏,神态显得异常平静,彰显出大家气质。在他收藏的几十件元代瓷器中,我真实地体会到了大收藏家的深邃和不张扬的胸襟。我也知道,元青花数百件散落在世界各地。在中国大博物馆里都少见。我去年到张北考察,那里曾是元大都的中都,留下的遗址中,也一直没有发现元青花,在落成的张北博物馆里,只有从香港租借的两件元青花在展出。

面对李松堂的藏品,我由衷地感慨,中华民族的传统文化应该要传播下去,让更多的人去了解中华文化的精髓。此时的李松堂也逐渐了解了我追寻中国传统文化的苦心,那一刻他似乎想说什么,想了想,还是把到嘴边的话咽了回去,难道他还有什么重大藏品至宝?我脑海里闪了一下,本想向李院长打听柴窑的下落,但是把这个话题又收了回去。

过了几天,叶宝打电话给我,说李院长让你独自过来。话语很平静,和平常我们有事相约一样，再自然不过了。但我仿佛意识到了什么，有一种灵感在触摸着我的神经。开车去东边异常堵车，为了迅速赶到，我坐地铁前去，仅用了40分钟便赶到了李松堂的身边。

他表现得还是那么镇静，叶宝带着我前去一处地方。我的心在跳，似乎预感到有瑰宝要见。后来李松堂带着我来到一处秘密处，四面都有摄像头，而且有24小时值班员，他首先掏出遥控装置，关掉了红外线报警器，随后用了两把钥匙打开防盗门，又用密码打开一道门，走进了一间特殊处理的密室。我当时就猜想，难道是柴窑？

李松堂拿出一尊碧青釉荸荠瓶，上面还盘绕着雕饰飞龙，我一下子被震住了，脱口说："这不是柴窑吗？这不是和日本对中如云先生写的《至宝·千年之旅——发现绝迹千年的柴窑》一书中的'青百合花瓶'一样吗？"

"你再仔细看看！"李松堂平静地说，"我相信你，有比较才会有鉴别。"

我仔细研读过对中如云先生的书，对日本藏家的"青百合花瓶"有深刻印象，几乎每个字每张图都印象很深。而眼前李松堂的这尊藏品青釉深蓝而有流动性，在瓶底和瓶口中的积釉处，都有深蓝的千年沉淀，釉色就像活着的。比日本那件要生动得多，最重要的是还有一条长龙盘绕，那样具有霸王气质。

"是柴窑？比日本的还好！"我发问并似乎肯定地说。

没想到，李松堂用英语说了句："NO！"

"不是？"我睁大眼睛问，"日本那件也不是？"

李松堂没有马上回应，而是从一个精制的包装箱里，小心翼翼地拿出了赤色的一件花瓶，瓶口处还有破损，几块碎片放在边上。叶宝说话了："你再看看！这可是李院长的至宝！"

我小心靠近，再靠近。李松堂打开了聚光灯，我看清了，赤红的光泽

如雨后的彩虹在闪烁,仿佛一种流动的生命展现在眼前,还有一种历史的经典与浪漫;瓷片薄如纸,能清楚地看到底座中呈现的那个千年的印迹,仿佛向人们讲述那一个个深藏的秘密。

足足有五分钟,我屏住呼吸在聆听,在感触,在呼唤,这来自千年的语言。我在寻找柴窑的岁月中,似乎有一种苍天之神,在默默地为我展开属于中华民族的古老的文明和文化。

他递给我一副白手套,"你可以用双手拿起它!"李松堂对我说,说话声很小很亲切。我会心地看了一眼不一般的李松堂,在感染中,我伸出双手轻轻地靠近触摸,在端起的瞬间,好像双手没有端任何东西,轻得不能再轻,而眼前却有一种深淡的红光在闪动,心如大海在翻动,精神在升华……

许久,李松堂才说了一句我等了若干年的话:"柴窑在中国!"听到这话,我心里无比激动,许多话想要说,但我也平静了。

当我把随身带的日本对中如云先生写的《至宝·千年之旅——发现绝迹千年的柴窑》这本书拿出来给李院长看时,得知李院长几年前已经看过这本书,他对这本书提出了完全不同的见解,并拿出自己的许多藏品进行了对比和说明。其实,李院长也想通过中国的藏品让更多的人了解柴窑瓷器,但李院长一直沉默着。我想劝李院长该拿出这款真正的中国至宝,站出来,通过真实的藏品写一部真实的柴窑的书,也向日本收藏者表明自己的态度,也向世人说明:柴窑在中国!

李松堂听到我的再三请求,内心也充满着一种责任感,他随即向我讲述了一个小故事。早些年,一位日本的藏家收藏了二十多件老北京的门墩,他在北京搞了一个展览,号称是收藏老北京门墩的第一人。媒体也都相继报道,很是风光了日本这位藏家。事后,李松堂在北京也搞了一个老北京门墩展览,展出了各式各样门墩四百多件,这下彻底让那位日本藏家信服了,他没想到,中国的大藏家深而不露。

我知道，李松堂依旧想低调，他不想把真正的柴窑拿出来，很多大藏家也坚守自己的信念。但我却说，真正的千年绝迹至宝柴窑还在中国，这本身就是世界文化新闻的一大发现，应该让世界知道，否则，会继续误认为日本拥有的"青百合花瓶"是真正的至宝柴窑，而中国没有。

李松堂有些感慨，提及爱国和爱护国家宝藏，他比谁都有深刻的理解。但他还是不愿意出面亮出自己的至宝，我再三恳求，一定要把柴窑公布于世，一定要让人们认识柴窑真正的身世和形象，一定要让柴窑回归中国六大名窑之首的应有地位。

李松堂终于被我的恳求和苦心打动，他放下关怀医院手头的工作抽出时间，与我有了更深层次的对话。

在我写作每部作品中，夫人总是第一位读者，常常直言作品的不足之处。在整理我与李松堂对话录音时，她从电脑里看到了，睁大眼睛一口气看完，说："不错！对于柴窑有争议是正常的，关键是通过柴窑，认识中国的历史文化很深厚，应该传播于后人！"

我听了夫人意见后，又一次与李院长沟通，补充了一些内容。我要说的是，对于李松堂院长收藏的柴窑无论如何争论，甚至有人不认或否认，都不要紧，也许突然发现千年至宝，一些专家还略感不适，也许有人从来没有见过一块瓷片，就武断加以否认，我认为都不科学，也不负责任。我只想，有了这尊至宝，可以研究，可以讨论，相互交流学习，总是一件有利于文化传播的幸事。出于这种目的，于是，有了这部非同小可的关于柴窑的书。

对话后，又是一个雨后的早晨，天空破云处，正是一片彩虹，我看到了属于千年柴窑的再生。那是片绚丽的彩虹……

目录

第一章　日本发现绝迹千年的"柴窑" …………………… 001

第二章　日本"柴窑"的是与非 …………………………… 009

第三章　柴窑在中国 ………………………………………… 021

第四章　中国兴起柴窑热 …………………………………… 033

第五章　松堂柴窑是真品 …………………………………… 045

第六章　探究文字柴窑 ……………………………………… 057

第七章　柴窑诞生之谜 ……………………………………… 079

第八章　柴窑的主要特征 …………………………………… 093

第九章　"瓷帝"称号的由来 ……………………………… 111

第十章　中国名瓷知多少 …………………………………… 133

第十一章　独领风骚元青花 ………………………………… 143

第十二章　古陶瓷的鉴定 …………………………………… 159

第十三章　半个世纪柴窑情 ………………………………… 179

第十四章　收藏家的责任 …………………………………… 187

第十五章　收藏家李松堂 …………………………………… 199

参考文献 ……………………………………………………… 227

第一章

日本发现绝迹千年的"柴窑"

沉石：李院长，有一本引起世界收藏界轰动的书，书名是《至宝·千年之旅——发现绝迹千年的柴窑》，这本书是日本对中如云先生写的，您知道么？对此，您有何感想？

李松堂：这本书我看过，这本书是对中如云先生多年研究柴窑的成果，值得阅读，尤其值得收藏爱好者阅读和研究。

本书亮点之一是研究柴窑文化，对此我有许多感想。人们的文化是知识与经验升华的产物，求知的欲望是善于思考的人的追求。柴窑是千古之谜，是中国数千年陶瓷史上的一个佳话，这个谜底需要我们给予诠释，这是收藏家的责任。

对中如云先生这本书的出版，引起了人们对中国柴窑和中国瓷器的关注，是一件好事情。中国陶瓷为人类的文明曾经做出了巨大的贡献，近几年，人们太关注中国古瓷器的经济价值，却对中国瓷器文化的研究冷漠了许多。中华文化是中华民族的根，是中华民族的心，是中华民族永世不灭的灵魂。而古陶瓷文化是中华文化的重要组成部分，是中华民族自立自强于世界之林的名片和标志，柴窑文化是古陶瓷文化的明珠，所以，我们应该注重陶瓷文化、柴窑文化的研究，不应当过于关注陶瓷的经济价值研究。

文化价值是古陶瓷的本质，弥久恒远，不随经济的波动而波动，不随朝代的更新而断裂。古瓷的文化价值决定古瓷的经济价值。人们之所以把柴窑器赞誉为瓷帝，就是因为柴窑器的文化价值高于其他名瓷的文化价值。在研究柴窑文化方面，对中如云先生走在了前面，他的书是我们很好的参考材料，我们可以参考他研究陶瓷文化的立场，参考他研究陶瓷文化的精神，参考他研究陶瓷文化的方法等。正如常磐大学国际部

Clay Bussinger 在推荐感言中说的:"我极力推荐大家来阅读这本书,那是因为这本书是包括欧美书籍在内的我读过的最与众不同的书。"

沉石:对中如云先生这本书采用的是故事形式,而不是论文形式发表,他为什么选择这样的表述形式?

李松堂:关于这个问题,这本书的推荐者也考虑到了,他把表述形式作为本书的特点写进了推荐书。他在推荐书中写道:"本来作为填补世界陶瓷器史的空白,又作为可能是第一件、唯一一件的柴窑作品,它被发现和被认同的事实,将会成为震惊世界的新闻。同时,按常理来讲,它的发现也可作为世界美术界的成果,向学术界提出研究论文,广泛地让世界的中国古陶瓷研究者们了解,并慎重地进行研究而争取被承认。本书的作者却一反常规,把本书的读者定位在一般大众,使本书成为一本带有历史色彩的通俗读物。"

推荐者介绍了该书的故事特点,却没有解释作者为什么采取这样的写作形式,还是作者本人作了说明。对中如云先生曾经表示:能够揭开"青百合花瓶"真正身份的人,不是专家学者,而是大众,是广大柴窑爱好者。因为面对一个孤品,谁也没有资格去下结论。但是对于作品本身的美丽,每个人都会为之感动。因此,他希望能让更多的人看到这件伟大的作品。"我能感受到当年创作出'青百合花瓶'的陶工的心情,也想把这种体会与心得与更多的中国朋友分享。"

我们知道,论文一般的流传阅读范围大多限于专家学者之间,是社会上的少数人。故事类的阅读对象为普通大众,是社会上大多数人,对中如云先生的研究成果完全可以写成论文,作为世界美术界的成果,但他选择了故事形式,客观上可使阅读的人多一些,由于本书内容彰显陶瓷文化、柴窑文化,阅读的人无形中增进了陶瓷文化知识、柴窑文化知识和其他相关文化知识的了解,起到了普及陶瓷文化知识,扩大柴窑文化宣传的作用。

该书的出版效果是明显的,适应了当代读者的阅读习惯,引起更多瓷器爱好者的兴趣和讨论;吸引社会读者阅读,增进社会对收藏家研究柴窑的了解,使人们感受到探索千年之谜的艰辛和浪漫,促进柴窑文化的研究。中国出现的柴窑研究热就是明证。

沉石:对中如云先生是日本人,为什么倾力研究中国瓷器、研究柴窑,他研究的目的是什么?

李松堂:这个问题只有对中如云先生本人心中清楚,别人实在难以说明白,但是我们可以通过他的言论和行动来进行分析,试着讨论。

对中如云先生几十年倾力研究中国瓷器、研究柴窑,动因之一应该是他的中日友好情结。对中如云先生与中国文化界有广泛交往,对中国文化有深刻的了解。他认为:"自有记载以来,日本与中国的友好亲善交流的历史已有两千年之久。特别是对于日本人来说,中国就是自己语言文化的母国。现在的日本人吃米饭、喝茶、使用汉字、穿和服等等,追究其来源也都是从中国文化中传递而来的。日本这个民族,最初也不是在这个岛国上由猿进化而来的,可以认为日本民族的主流文化,是先史时代的中国人将各种先进文化带来的。有关秦始皇时代的徐福和吴国太伯的传说似乎也在证明这些。最早记载日本历史的史料,是《汉书·地理志》,从一世纪后半叶的汉代,日本才登上历史的舞台。在此之后许多日本的使节团和学僧陆续远渡中国,学习并吸收中国先进的文化,对以后日本国家的形成和日本文化的创立发展产生了深远的影响。"

他是这样想的,也是这样说的,更是这样做的。

对中如云先生研究柴窑的动因之二,大概是对中如云先生对中国陶瓷、柴窑及其研究价值有着深刻的认知。这在他的书中有说明:"像这样美轮美奂又布满谜团的古陶瓷器，有可能成为震惊世界的新发现呢。要想追究其年代，一定需要花时间进行深入彻底地研究。要想把谜团解开，至少也要花上三年到五年的时间。也许还可能花上十年甚至更长的时间呢。"正是他对中国陶瓷和柴窑的这种认知，促使他深入研究中国陶瓷文化，成为国际上柴窑研究第一人。

对中如云先生研究中国陶瓷和研究柴窑，也是日本文化建设的需要。他担当了通过研究中国陶瓷文化来促进日本文化发展的带头人。正如对中如云先生所说："日本文化的源头是中国的古代文化，如果想要研究从古代到中世纪的日本文化，那么从研究中国文化入手是必不可少的。"

我们祝愿对中如云先生为日本的文化建设不断做出贡献，祝愿对中如云先生在中日友好的道路上不断前进。

对中如云先生还从文化的视角来研究陶瓷、研究柴窑，而不是单纯从经济视角进行研究，也不是单纯从物理形态来研究。他研究世界各地的文化素材，不仅研究中国陶瓷，还研究其他国家的陶瓷。科研物品有国籍，科学文化无国界，对中如云先生一边汲取世界陶瓷文化营养，一边为世界陶瓷文化做贡献。

正是研究柴窑文化的高度自觉性，对中如云先生自1998年遇到"青百合花瓶"之后，开始陆续大量收集世界上关于柴窑的一切文献资料，刻苦钻研八年多，持续钻研到今天。他虽然自信对柴窑的研究在日本处于领先水平，但他还是认为若换了别人，无论是谁，如果"青百合花瓶"出现在眼前，也一定会做同样的事情。研究者的最高使命，就是只要有了研究对象，不管遇到何等的困难，都要努力去完成，因为这是在发现新的事物。

这就是文化的魅力，这就是研究文化的魔力！对中如云先生研究柴窑文化的精神，达到了常人很难企及的境界！

沉石： 从谈话中能够感觉出来，您很重视对中如云先生的柴窑研究，为什么？

李松堂： 是的，我很重视对中如云先生的柴窑研究。对中如云先生在收藏行业里为我们树立了榜样。柴窑在中国后周时代烧造，历史上有语言传说，有文字记载，有实物传承，但公开场合千年少见。对柴窑的研究，中国这几十年近乎停滞，有些专家学者干脆把柴窑从中国名窑系列中剔除。对中如云先生却把发现的精美花瓶视为柴窑，当一个正式陶瓷课题进行研究，孜孜以求，而我们却无奈放弃。两者对比，深感遗憾！我们没有理由不重视对中如云先生的柴窑研究，对中如云先生为我们提供了柴窑研究的范例。

另外，我非常钦佩对中如云先生的研究精神，他的信守承诺、精益求精、认真细致、谦虚谨慎、锲而不舍值得我们效仿。

我也钦佩对中如云先生介绍的日本 K 先生、L 女士、小山富士夫先生、黑田辰男先生和 Clay Bussinger 先生等专家。

对中如云先生的好友委托他研究"青百合花瓶"，他接受委托后，不是一诺了之，而是一诺八年，对朋友负责到底，不搞出名堂决不罢休！终于一个花瓶引出一个承诺，一个承诺成就一本书，一本书追寻一个千古之谜！

从他的书中可以看出，他不放过每一个细节，"青百合花瓶"修复的追踪认定很能体现他严格的细节研究。"顶部开口处的裂痕由 35 个铁钉固定，并用黄金进行了修复。这种修补技术相当之难，早已失传。如果只是名品，但数量多，也不会进行这样的修复。毋庸置疑，正是具有独一无二、无可取代地位的超级瑰宝，才有做这种程度修复的价值。"如此分析足够细致入微。

据说每当台风过境、骤雨初停之时，对中如云先生都会拿着"青百

合花瓶"的照片或实物飞奔到室外,对着天空仔细研究。他是为了体察文献记载的天青色,是在对比、衡量"青百合花瓶"实物颜色与天色的异同,如此精益求精,实在感人至深,他没有对花瓶定性,言辞体现谦虚谨慎,不确定花瓶是柴窑器,胜过确定花瓶是柴窑。他的研究成果成为整个柴窑研究以及以后柴窑研究的一个阶梯。这也正是他实事求是的科学精神的体现。

探求"谁也没有见过"的真相,勇于挑战,执着前行,对中如云先生的精神实在令人叹服!

第二章

日本"柴窑"的是与非

沉石：日本对中如云先生研究的"青百合花瓶",您认为是不是柴窑?

李松堂：我可以肯定地说,对中如云先生的这件"青百合花瓶"不是柴窑器,它是元朝瓷器中的碧青釉花觚,这种元朝瓷器品种,我自己也有收藏。

我一直把别人的柴窑发现视为我研究柴窑的重要对比线索,因此我也把对中如云先生的柴窑研究视为我的柴窑研究参考,我把他的"青百合花瓶"视为我的柴窑的参照物,我对比研究的目的是验证我的柴窑是否是真品。我觉得"青百合花瓶"最明显不符合柴窑特征的就是瓶壁太厚了。日本的收藏家、学者在肯定这件瓷器是柴窑的时候并没有太注重柴窑的"薄如纸"的特征。虽然经过多年的研究,却忽略了这最重要的一点。甚至于我们都不知道这个花瓶的重量,我想对中如云先生在研究这件花瓶的时候,颜色可能是他最大的关注,但忽略了"青百合花瓶"的重量问题。

沉石：讲一讲您的"元碧青釉塑雕龙长颈荸荠瓶"和对中如云先生的"青百合花瓶",您认为是元瓷的理由吧。

李松堂：2006年我在温哥华,梅纳得拍卖公司拍到一件"元碧青釉塑雕龙长颈荸荠瓶",这也是我第一次见到"元瓷碧青釉"这类品种。元瓷、元青花应该是中国陶瓷史上的一个谜。一些元瓷传世品散落在民间大收藏家手中而深藏不露,他们很少公开图片和实物,还有大量元瓷埋藏在地下而不被人们认知,所以,原来人们对元朝瓷器的器形和纹饰了解不多,不太知道元瓷的博大精深,也造成了知道碧青釉这一品种的人不多。我这件"元碧青釉塑雕龙长颈荸荠瓶"和对中如云先生的那件"青百合花瓶"应该都是元朝创烧的新品种"碧青釉"瓷器,所以对中如云先生误认为他那件元朝的"青百合花瓶"(中国的学者认为它的名称应为"元碧青釉花觚")是五代后周的柴窑,是有情可原的。因为,元朝碧青釉瓷器毕竟传世太稀少了,收藏家们也从来没有见过。对中如云先生的"青百合花瓶"高292mm,开口处直径167mm,底座的部分直径105mm,厚(开口处)2mm。我的这件"元碧青釉塑雕龙长颈荸荠瓶"高368mm,重量1096g,开口处直径26.1mm,底座直径86mm,厚(开口处)3.75mm。釉面布满蟹爪纹开片,有几处缩釉现象(缩釉现象是高古瓷所独有的,也是鉴定它们的最可信的依据),由于碧青釉挂得较厚,不像其他的元青花缩釉的表现是中空的,就像一颗炸子显现出来的样子,它呈现的是乳突状。这件由六段塑雕组成一条栩栩如生的飞龙为三爪龙,身长70cm,龙头凶猛灵动,也是元代装饰龙的典型特征。在飞龙上方瓶颈处,雕有典型元朝"蝌蚪云"纹。在雕龙的身上还刻有两朵"蝌蚪云"。有一种云中龙腾飞翔的感觉。由于碧青釉玻璃质感极强,在龙纹下方凹处有明显积釉现象,像镶在龙身上的一块块蓝色的宝石。瓶底足部分向内有30度角的倾斜,从瓶底看也有向外30度角的倾斜。底足高度5.5mm。上口内径15mm。我们在元青花的器物上,经常能看到龙的纹饰绘画,但这样活灵活现的雕龙我在元朝器物上第一次看到。都是同样的年代,同样的碧青釉,我虽然不知道对中如云先生的那只"青百合花瓶"总重量是多少,但是我的这只元碧青釉塑雕龙长颈荸荠瓶比它高76mm,而且瓶身上还多了一条雕塑的龙,重量一定会比它那一只沉一些。所以说对中如云先生的那件"青百合花瓶"应该是元朝时的一件新品种——碧青釉瓷器。

沉石:对于"青百合花瓶"的身份,日本有人认为是明代的,有人认为是宋代的，却没有人认为是元代的，这是为什么？

李松堂：这个问题大概涉及蒙古族统治的历史文化认同问题。当时蒙古族治理中国并没有获得日本历史主流文化的认同。日本的历史文献中少有我国元朝的记载。所以，日本的瓷器专家忽略了元瓷也是可以理解的。

他们认为："中国的宋代，有汝窑、钧窑、定窑等是烧制出历史名品的名窑，但是"青百合花瓶"和哪个窑的特征都不符。除此之外，再与龙泉窑、越州窑等所有历史名窑的作品一一进行比较，和这件陶瓷器类似的窑仍然没有找到。也就是说鉴定陶瓷器来历的重要的一点——'窑'，无法确定。除了相信这是一件第一级的名品外，无论从哪方面说都是个谜。这还真是一种不可思议的体验。拿绘画作比喻的话，就像在全然不知作者、绘制时间的状况下，看到了'蒙娜丽莎'一样。"

然后，对中如云先生又写道："陶瓷器的研究鉴定，要从把握物体的实态开始，首先要对作品进行反复观察。在这样的观察中，我认定，"青百合花瓶"这件陶瓷器以其精湛的制作水准、完美的艺术造型和色彩，应该是官窑出产的。"对一件并不认知的古陶瓷，收藏家都有一个认知的过程。

沉石：当年为什么您没有公开对"青百合花瓶"的认知呢？

李松堂：我一直没有公开说明"青百合花瓶"不是柴窑器，采取了沉默的态度，是有一些想法。

首先，我的对比鉴别是为了验证并进一步确信自己的柴窑是真品，而不是为了鉴定别人藏品的是与非、真与假，因此当时根本没有考虑要揭示"青百合花瓶"不是柴窑。

另外，虽然我有柴窑很自信，并致力于柴窑研究事业，也知道我的柴窑可能是世界上目前已知的唯一柴窑，具有实实在在的历史文化价值

和深远的历史文化意义。但是，我不能沾沾自喜，不能妄自尊大，不能停留在刚从地下找回柴窑时对柴窑的认知水平，必须加强对柴窑的学习和研究，要充分利用一切能够利用的机会，切实提高对柴窑的研究水平，不能一味地探究别人的瓷器是不是柴窑。

我认为，世界上不会只有我这一个柴窑器，也许其他地方的其他人也还有，将来还会发现柴窑器。因此，我觉得自己还需要学习研究其他人随时发现、随时公开的柴窑线索、柴窑实物、柴窑研究经验，不断充实和丰富自己学习研究柴窑的知识、能力和水平，不能妄议别人。我经常告诫自己，只有这样，才无愧于柴窑收藏者的身份和历史赋予的使命。

现在虽然谈到了"青百合花瓶"不是柴窑，我也仍然是把"青百合花瓶"当做自己学习研究柴窑的对象，把它当做向世界贡献真品柴窑的一个对比参照物。所以我在与"青百合花瓶"的对比研究过程中，没有公开自己的认知。

沉石：对中如云先生对"青百合花瓶"进行了很仔细的考证，其中对花瓶修复细节的精细考证给人以深刻的印象，这难道也不能证明"青百合花瓶"是柴窑吗？

李松堂：尽管对中如云先生精心考证了"青百合花瓶"的修复细节，并基本认定其修复年代，但花瓶的修复年代与花瓶的烧造年代毕竟不同，根据花瓶修复年代来推测花瓶烧造年代不科学，不符合高古瓷认定的条件，推测的结论仍然似是而非，模棱两可，所以不能证明"青百合花瓶"是后周时代烧造的柴窑。这一点，对中如云先生本人在书中也说过，修复情况说明了"'青百合花瓶'数百年前就具有历史名品的地位"，"不能成为证明'青百合花瓶'是柴窑的直接证据"。鉴定瓷器最重要的是窑口和年代。他对花瓶修复年代的认定只能是参考，不能证明花瓶的烧造年代。

对中如云先生根据"青百合花瓶"的修复情况，认定这只花瓶可能曾经在几百年前就被修复过，这一点应该是可信的。我小的时候，北京经常有"锔锅锔碗"的匠人在街上招揽生意，至今北京人还有一句俚语"没有金刚钻，不揽瓷器活"。瓷器被磕碰的情况时有发生，较珍贵的瓷器破损后，人们总想把它修复好。中国历来对瓷器的修复方法有很多，有的用漆和动物胶修复，有的用金银修复，有的用铁锔修复。铁锔修复就像订书器的铁钉一样，将破碎的瓷片连接在一起。我的博物馆就有一件元青花人物纹饰罐，就是在清朝时期被修复的，用的就是枣核形的铁锔，由于年代久远，有一半的铁锔早已锈腐了，但瓷器保存得却非常完整。

由于"青百合花瓶"是较名贵的瓷器，它的主人并不想使用简单的"马蝗绊茶碗"修复方法。其实也有采用较为复杂的两次修复法。第一次，先将瓷器按照铁锔的长短和使用的多少打上相应的小孔，然后使用"金修补"方法，锔上铁锔等金胶粘合住再将铁锔取下，再修补小孔，当然这种方法比较复杂，只有在较高贵的瓷器上才使用。我听老人讲，对一些不常用的摆设瓷，破损后用大蒜调好的浓汁也可以粘合。当我们看到一件瓷器，发现瓷器上还保留着曾经被锔子修补过的痕迹，再看看锔子锈腐的程度也可以作为鉴定瓷器年代的参照。我博物馆里有一件元青花玉壶春瓶，瓶上布满了好多海贝壳，一看就知道它在海底停留了许多年。

当年元朝的对外贸易有两条路，一条是陆路丝绸之路，陆路丝绸之路是指起始于古代中国的政治、经济、文化中心——古都长安，连接亚洲、非洲和欧洲的古代陆上商业贸易路线。它跨越陇山山脉，穿过河西走廊，通过玉门关和阳关，抵达新疆，沿绿洲和帕米尔高原通过中亚、西亚和北非，最终抵达非洲和欧洲。

另一条是通过马六甲海峡过印度到西亚至欧洲的海上航线。遇到风浪，翻船的现象时有发生。2013年我在北京潘家园古董市场也看见一件身上布满了好多海贝壳的"元青花"瓷器，一眼看去就是一件现代仿品，我拿在手里使劲地抠了一下，贝壳就掉下来了。可能这件仿品只在海边的养殖场伪装了几个月。我想，就是它在海殖场泡了三年，我们带上一付布手套使劲地一拧，贝壳就能全部掉下来。我的那件元青花玉壶春鱼藻纹瓶"海捞瓷"，我做过实验，用手抠不掉，用刀子使劲地撬，也撬不下来。最后，用了好大的力贝壳掉了，瓷器上的釉面也同样掉下了一块，这才是经过几百年沧桑的"海捞瓷"。我博物馆里同样有一件元青花，是在三四百年前曾经留下铁锔的人物罐。

总之，高古瓷某些细节的考证只能说明某一个侧面，再精细的考证结果，只要不涉及窑址和年代等主要问题，也不能当做直接证据而证明什么，"青百合花瓶"的修复考证也是一样的。

沉石：对中如云先生考证"青百合花瓶"，他在书中既没有说花瓶是柴窑，也没有说它不是柴窑，他对"青百合花瓶"的真实态度是什么？

李松堂：对中如云先生在他的专著中没定性"青百合花瓶"是柴窑，他的态度似是而非。我认为他是倾向性地、模糊性地认定"青百合花瓶"是柴窑。因为他是带着柴窑的期盼考证的，他是以"文字柴窑"（文字描述的柴窑）为参照物来考证的，当他穷尽了当今世界上所有的方法的时候，在没有柴窑实物参照的情况下，他实际上认定了是柴窑，这符合他的期盼，符合他的考证过程，只是因为未对照柴窑实物，无法肯定而已，他在2007年的座谈会上明确宣称发现柴窑，他的专著副书名就是"发现绝迹千年的柴窑"，表明他实际上认定"青百合花瓶"是柴窑。他应该有这个自信，他那样说只是一种语言形式，只是一种严谨的科学态度。

假如他确实是倾向性、模糊性地认定"青百合花瓶"是柴窑，也符合当时的实际情况，任何人都应该在付出八年辛劳的基础上作出"是柴窑"的自我认定。经多方求索，他认定"青百合花瓶"符合柴窑的特征且无法否定。因无柴窑实物参照而无法肯定，这是破解千年之谜过程中的正常现象、必然现象。其他方面的科学研究也有这样的情况。

沉石：收藏界、舆论界对日本发现"柴窑"有哪些反应，有没有什么倾向性？

李松堂：收藏界看法不确定，不统一，如对中如云先生向中国某位专家咨询时，得到的回答是"要继续对柴窑进行研究"，没有得到"是不是柴窑"的确切回答。2007年对中如云先生在北京人民大会堂举行座谈会和2009年在日本展览"青百合花瓶"，引起了收藏界、舆论界的关注，人们进行了讨论，提出了一些看法，焦点在于"青百合花瓶"的年代。牛津大学用热释光法鉴定"青百合花瓶"是距今700年到1100年间的瓷器，与后周皇帝柴荣在位时间基本一致。但有人认为对中如云先生的"柴窑"是清朝康熙年间的碧青釉花瓠，而清朝康熙年间的花瓠，距今也就三百多年。

人们提出了一些疑点。一是花瓶重量疑点，日本方面没有公布花瓶的重量，而重量能解读花瓶是否"薄如纸"；二是声音疑点，"青百合花瓶"始终被封存在玻璃罩内展览，专家们无法判定其是否"声如磬"；三是颜色疑点，中日人员都发现，在同一角度、同样灯光下，对玻璃罩中缓慢旋转的瓷瓶进行拍照，花瓶在图片中呈现出的颜色不尽相同，有的偏青，有的偏蓝，有的偏紫，而不是单一的天青色，原因不明。四是器形疑点，其实器形争议没有意义，我们现代人谁也没有生活在后周年代，那个年代有主流器形，但同时也存在许多我们并不知道的器形，当

时应该存在多种柴窑器形。

我认为，目前，日本发现的"青百合花瓶"是不是柴窑，已经不重要了，重要的是"青百合花瓶"与柴窑一样，同样是中国古代陶瓷器的精品，凝结着华夏子孙的智慧，拥有令人感动的魅力，凡是关注陶瓷文化的人，看到"青百合花瓶"，都会被其特有的美丽所感动，这就够了。

"青百合花瓶"是中日友好的历史见证和标志，它唤起中日两国人民对友好历史的回忆，"青百合花瓶"必然融入中国以后的柴窑研究中，也必然是中日两国的柴窑研究友好交流的媒介，并引领国际学者及文物爱好者对于柴窑课题的研究，有利于早日揭开柴窑千古之谜。

沉石：关于日本"青百合花瓶"的由来，日本相关人员说这是明朝皇帝赐给当时的日本室町幕府将军足利义满的，您觉得可信吗？

李松堂：日本室町幕府年代是中国明朝洪武、永乐年间，明朝极力推行睦邻外交，到永乐期间委派郑和七下西洋,中日之间也恢复了元朝时期一度中断的友好关系,这是历史事实，至于日本"青百合花瓶"的由来则尚需从中日交往的历史来考证。

我们知道，唐宋时期日本就与中国建立了友好关系，在唐朝就是中国藩邦国。公元6世纪至9世纪，即中国隋、唐时期，日本是大和时代后期、奈良时代和平安时代前期。这个时期的交流路线则以直接渡海为主，交流方式有使节人员往来，尤其是日本派遣大批遣唐使、留学生、留学僧来华，出现了中日文化交流史上的高潮时期。交流内容则以制度文化层面为主，如日本学习唐朝律令制度实现"大化革新"，同时也涉及精神文化如佛教、建筑、雕塑、诗歌等方面。从公元7世纪初至9世纪末的两个半世纪里，日本先后向唐朝派出十几次遣唐使团，其次数之多，规模之大，时间之久，内容之丰富，可谓中日文化交流史上的空前盛举。在这个时期，中日文化交流的著名代表人物是鉴真，鉴真高僧五次东渡日本，在历史上传为佳话。

元朝时，元世祖忽必烈接受赵彝的建议，决定通好日本，于1266年、1267年、1268年（两次）、1271年，五次出使日本。但是，日本坚持不承认大元帝国，多次把元朝派往日本的友好使节拒之门外，拒绝与元朝通好。1275年，忽必烈再次派礼部侍郎杜世忠等出使日本，甚至被日本执政的镰仓幕府处死，这一消息直到1280年才传到元朝。由于当时日本的敌视政策，元朝与日本没有外交关系。

明朝建立以后，中国和日本的关系有所变化，据历史记载明成祖派使节郑和出使过日本。明朝曾赐足利义满金印一枚，还曾先后赏赐足利义满冠服、锦绮、纱罗等礼品，但唯独没有赐瓷器的记载。史书虽没记载是否赏赐过瓷器，但这些赏赐中不见得就一定没有瓷器，因为中国最盛产的就是瓷器。当时对明朝来说官窑瓷器数量众多，比起赏赐给足利义满的官服、锦绮、纱罗等礼品并不算珍贵，所以没有记录下来也是可能的。（元朝时盛行岁赏制度，皇家赏赐给西亚诸王的记录中也少有瓷器的记载，现存土耳其、伊朗国家博物馆的梅瓶当年只是作为盛酒的器皿。）但是，那件"青百合花瓶"并不是明朝的瓷器，因为我们所见到的洪武年间的传世品官窑瓷器，并没有"青百合花瓶"这样的釉色。既然礼品是送给日本将军的，很可能洪武帝将一件元朝的碧青釉花觚送给了将军。因为洪武年间的官窑瓷器使用的钴料，都是元朝淘洗过的剩料渣底，在瓷器的纹饰中显现出的颜色发黑发灰，并不好看，烧不出那样精美艳丽的颜色。可能是洪武帝从御库房挑出了这件精美的碧青釉花觚，或许他认为是宋朝的也未可知。总之，挑选一件美丽的中国古代瓷器送给日本将军还是合情合理的。

沉石：日本发现"柴窑"对中国有什么影响？

李松堂：对中如云先生发现"柴窑"，使我国有识之士受到震动，

认识到我们对柴窑和柴窑研究认识不足,行动停滞,我们从历史名窑中剔除柴窑,实际上是抹杀了柴窑,是柴窑虚无主义的表现,是柴窑科学研究的浮躁表现。暂时没有发现柴窑瓷器不等于世上就没有,不能因此就说柴窑仅是传说。围绕柴窑问题,只能上下左右去求索,只能东西南北去追寻,不能坐而论"无",不能冷眼向洋看世界。

这些年来,柴窑爱好者不再理会中国一些陶瓷专家关于柴窑的妄自菲薄之说,柴窑研究热情更加高涨,更加积极地追寻和研究柴窑,中国的柴窑研究焕发出生机和活力,中国出现了柴窑研究热。

沉石:关于日本"青百合花瓶"的讨论前景怎么看待,会不会因您看法的公开而结束?

李松堂:围绕"青百合花瓶"的考证和讨论还会继续下去,因为收藏界需要答案。西安柴窑文化研究所所长王学武在2010年曾经表示:"他最关心对中如云先生发现的'柴窑孤品',到底是不是历史上记载的曾经在五代后周创烧出的柴窑。相信很多人都会这样想,原因在于,这件事情专家们并没有给出准确的答案,有的认为是柴窑,有的认为是明清时期烧造的,但都没有说清楚为什么。"

现在,几年过去了,关于对中如云先生发现"柴窑孤品"这件事情,对中如云先生没有进一步介绍情况,专家们仍然没有给出准确的答案,仍然是莫衷一是。

我的看法公开以后,很可能不算有答案了,很可能这件事情结束不了。这是因为,即使我的看法公开了,还会有人认为我的柴窑缺乏另外的柴窑实物作对照而不认同。如果不认同我的柴窑,那么当今再无其他柴窑实物可作参照,"青百合花瓶"还是不能做出是否是柴窑的认定,还会各说各有理,围绕它的讨论还会继续下去。

第三章

柴窑在中国

沉石： 李院长，您一直深藏柴窑而不露，现在却愿意公开，为什么？

李松堂： 说起柴窑的公开，我的确一直心存顾虑，不积极，不主动，一拖再拖，一直拖到今天，主要是考虑到柴窑在社会上已经"消失"上千年，国内外无数柴窑研究者、美术商、收藏家们找红了眼却连影子都没有见过，甚至连一块儿碎片也没有见到。研究中国陶瓷文物的专家有人因为长期探求无果而否定柴窑的存在。在这种情况下，我觉得公开柴窑不合时宜。

目前只有我和我的几个密友认同我这个柴窑是真的，别人根本没有见过，不识柴窑真面目，即使我公开了，人们也未必认知，所以我觉得公开没有实际意义，还是深藏为好，没有是非麻烦。

但是，柴窑是中国历史文化遗产，我们祖先能够烧造出来，后辈应该研究、传承下去，而我国的柴窑文化研究却没有起色，落后于国际，落后于日本，我们需要迎头赶上。

广大藏友需要真柴窑，渴求真柴窑，国内外柴窑研究的新形势迫切要求柴窑的收藏者向社会公开，面对社会的呼唤，我还有什么顾虑不能抛弃呢，我感到深藏不露的柴窑器已经到了不能不公开的地步了。作为柴窑的藏有者，我有责任有义务为中国和世界的柴窑研究做出贡献，所以我不能再沉默了，便决定公开我收藏的柴窑！

沉石： 李院长，您说柴窑在中国，有何缘起？

李松堂： 看过对中如云先生写的《至宝·千年之旅——发现绝迹千年的柴窑》一书，我想起了三十多年前的一件事。少儿时，大概七八

岁,也就是小学二三年级的时候,爷爷的朋友们经常到家里来做客,有时看到他们从多宝格上捧出一件瓷器,几个人围在四周,睁大了眼睛使劲地看,我不明白瓶瓶罐罐有什么好看的。他们有时还像孩子一样七嘴八舌地争论着什么,每个人的表情都是那么认真。我并不理解他们交谈的内容,但柴、汝、官、哥、定这几个字却给我留下了深刻的印象。当我成年后,收藏也成了我的爱好,时常把玩着我的藏品:汝、官、哥、钧、定、吉州窑、耀州窑、龙泉瓷、元青花、永乐、宣德、成化、康雍乾瓷器等。

记得那是1980年,春和日丽,一日,姓佟的藏友邀请我到他家,欣赏他多年收藏的一件临汝窑水洗,看着它精美的战汉纹饰,我感慨不已。看着我赞许的表情,他说:"我还有件宝贝让你看看。"然后从柜子里轻轻地拿出一只锦盒,掀开三层毛巾包裹的火柴盒大小的一个瓷片:"你见过吗?这就是柴窑!"柴、汝、官、哥、定,这是我记忆中最深刻的文字组合,但我还真的没见过柴窑。"我可以看看吗?"我向他请求。"可以,千万当心。这可是我的心肝。"

"当然当然。"我轻轻地将瓷片拿出来仔细地看,玉质的釉面下晶莹剔透,单一的天青色釉有着极强的玻璃质感,想了想应该称其为碧蓝色釉吧。在我的记忆中它的釉色不同于汝窑,比汝窑色深,蓝得干净。也不同于龙泉,太美了!它真的是柴窑吗?"青如天,明如镜,薄如纸,声如磬",这是千百年来收藏家们对柴窑约定俗成的认知,但很少有人见过柴窑实物。我多么愿意相信我面前这一小片瓷片就是柴窑。这种剔透的碧蓝应该是"青如天"吧,这样的晶莹也算"明如镜"了。因为毕竟只是一小残片,我不能验证它的"声如磬"。我要来卡尺量了量,瓷片厚0.26cm,在中国古陶瓷中还不算厚,但总不能说它是"薄如纸"吧,我提出了异议。佟先生从书架上拿出了十几本历代关于柴窑记述的书,我们一段一段地读,一章一章地看,两个多小时过去了,毕竟我们不知道什么是真正的柴窑。甚至于摆在我面前的这一片碧蓝，我也没见过哪个朝代有相对应的说法。临别时，我只好说："你这也许就是柴窑。"

他脸上挂满了骄傲，我带着些许疑惑离开了。晚上，躺在床上我怎么也睡不着，突然想起了一件事。我怎么能把那个小瓶忘记了呢？

沉石：什么小瓶？

李松堂：记得是"文革"时，1966年8月底，红卫兵到居民家"破四旧"。那天下午我路过袁奶奶家门口，听到杂乱的声音，大门是开着的，门口围了好多人。我看见袁奶奶站在一旁低着头，几个红卫兵满脸严肃，使劲地在砸瓷器和其他属于"四旧"的东西。我看着一个雕着仕女图案的紫檀小木匣被摔在地上，里面的一件白玉观音佛像断成了两截，满院都是瓷器的碎片。一个多小时后，这场"小战役"胜利结束，红卫兵们列队集合雄纠纠地离去。看热闹的人也渐渐地散去了，袁奶奶看了看院子里已经没有其他人了，走过来要关院门，看见我，她想与我打招呼但又止住了，我同情地向她点了点头，她把门关上了。

我家跟袁奶奶是邻居，她的家在西堂子胡同东口的街面上，是一个不大的小四合院。袁奶奶深居简出，偶尔看到她，便冲我笑，我也总是有礼貌地说"奶奶好"。有时遇到她买水果回来，也给过我一两次。第二天，我又路过袁奶奶家门口，听到院子里还有响动，我顺着门缝往里看，没有红卫兵，只有袁奶奶一个人，她抱着一个瓷瓶向地下摔。我进门走到她身边："您干吗还砸它们？"

"这是'四旧'，红卫兵知道了那还了得？还是砸了吧。"地上有一堆瓷器的碎片，我在想："多可惜，这么好看的瓷器。"地上还摆放着几个锦盒，她又打开一个，从里面拿出一个精美的瓷碗摔在地上。

只剩两个锦盒了，我赶忙拿起一个小盒子打开看，是一个红色的小

瓷瓶，好看极了！"奶奶，这个送给我吧？"

奶奶说："不行，红卫兵知道会惹麻烦的！"

"我把它藏起来，我不告诉他们是您给我的。"

她犹豫了一下："别让他们看见。"我拿着这只小锦盒说了声谢谢，刚要转身离去，袁奶奶指了指地下那个还没有砸碎的锦盒冲着我说："把这件也送给你吧。"我高兴地捡起那只锦盒抱在怀里说："您放心，我一定把它藏好，谢谢袁奶奶。"袁奶奶慈祥地向我点了点头，抬起右臂："回去吧。"我把两只锦盒抱在怀里，推开院门探出头向两边看了看，马路上几个过路的人没有谁关心我，我一路小跑回家去了。

跑回家后，我把锦盒放在衣柜上，不放心，又拿下来放到床底下，还是有些不放心。第二天回学校，我们班的同学都在热火朝天地"破四旧"。回到家里，我又把小瓶拿出来，左看右看："真美！"我为这个小瓶提心吊胆了好几天。

那天晚上，夜深人静后，我在后院深深地挖了一个小坑，把锦盒装进一个小木箱里埋了下去。

两年后，我和同学们都到农村插队了。一晃就是七年，我又回到了北京，回到了熟悉的四合院，想起我埋在地下的小瓶，却怎么也找不到了。问母亲、妹妹，问家里所有人，他们都说不知道。因为当时我不曾向他们说过此事，当然他们不知道。这时我才跟母亲说起当年我埋藏这个小瓶的故事，母亲说："袁奶奶是袁世凯的女儿，你离开北京没多久，听说她就去世了。"

我想，那个小瓶应该是件宝贝，也是我对袁奶奶的一个念想。后来又找过几次，还是没找到。慢慢地，这件事也被淡忘了。

我把这个故事告诉了佟先生，因为时间太长了，我不能准确地描述我锦盒里的那只小瓶。我只记得它是红色的，非常轻，特别地薄。袁奶奶送给我的时候，我根本就不知道它是什么东西，就觉得这个瓷瓶好看。但佟先生却非常认真，没见到这只小瓶，他倍感遗憾。第二天，佟先生就来找我，手里拿着一本有些变黄的小册子，上面有一段文字："……年秋，袁世凯的管家、大收藏家郭葆昌以一处宅子、二十亩良田与人交换了一件柴窑器。"佟先生激动地跟我讲："你那件小红瓶可能是柴窑，很可能是郭葆昌当年替袁世凯买的。怎么能找不到了呢？你一定要好好想想，到底埋在哪儿了？一定要把它挖出来。如果是柴窑，那可是国宝啊！"

当天下午，我拿着铁锹在院子里又挖了好久，还是没找到！

沉石：这可是一个重大线索，也许能挖掘出历史沉淀的宝贝，后来找到了吗？

李松堂：当时没找到，但我对柴窑非常感兴趣，在以后的三五年里，我又约过一些朋友到佟先生家探讨、争论，他这片碧青釉是哪个年代的瓷器呢，是柴窑么？相信的、质疑的各执一词。看样子为了搞清历史上的一件悬案，世界各国考证的程序都有相近之处。直到六年以后，我家的四合院要拆迁了，我找来两个朋友在后院大面积地挖掘。后来还是在大槐树下挖到了。原来是因为我当年慌慌张张地忘记了埋藏的准确地点。

十多年了，木箱烂了，旁边还有一堆儿用"上海红卫兵"袖箍包着的十几枚以往奥运会和其他运动会的纪念章。我想起来了，当年"串联"时，我在苏州结识了一个上海红卫兵，在他的书包里放着这些纪念章。在去杭州的路上，他知道我喜欢这些纪念章，就送给我了。当年，我一并埋在了槐树下。要不是这个小红瓶，我早把这些纪念章忘得一干二净了。刨的时候不小心铁锹碰到了锦盒。只是轻轻地碰了一下，我小心翼翼地把它拿起来时，打开一看，花瓶的口沿处被磕碎了，新新的碴口，碎片就在旁边，我心疼得想哭。

第二天，我拿着这件瓷瓶连同七个小碎片，到佟先生家。朋友们急忙拿出放大镜、显微镜认真观察。大家仔细察看瓶子的颜色和光泽，察看瓶身布满的蟹爪纹，察看碎片显露出的胎和釉，察看瓶底铭记的"柴"字款识……查看中，大家惊讶、赞叹之声不绝于耳，感叹从未见过如此光亮和超薄的瓷器，开了眼界，长了见识。我当时心想，面前这件显露着历史沧桑痕迹的红色瓷器，也许是它诞生以来第一次被五个人围拢着齐声赞叹，不，应该是欢呼吧！难道这就是真正的柴窑？朋友们把小红瓶与传说中的柴窑和唐宋以来的名瓷联系起来议论了好久，当时也与佟先生的瓷片进行对比，由于大家都是名瓷收藏者，看法很快一致起来，认为小红瓶明显比其他名瓷精美很多，应该就是传说中的柴窑，如果不是柴窑，还有什么瓷器是柴窑呢！

在比较之下，佟先生也显然感觉到我这件小红瓶更可能是柴窑，觉得他那一块瓷片不太像柴窑。

佟先生说："多少年的心愿啊，我终于见到真正的柴窑了（见本书彩图3-1、彩图3-2）！"可是，如何认定佟先生的那一块瓷片呢？我们几个朋友付出了很多辛苦，那是我们研究了很多年的宝贝呀，否定它吗？我和佟先生及几位挚友纠结了好久。直到几年后我又得到了一件元朝长颈塑雕龙纹荸荠瓶（见本书彩图4），与佟先生的瓷片一样是碧青釉，才彻底解决了这一悬案。正是藏有这件元朝长颈塑雕龙纹荸荠瓶，我才可以说对中如云先生那件轰动了收藏界的"青百合花瓶"不是柴窑，而是一件传世稀少的元朝的名贵碧青釉瓷器。

沉石：佟先生对您的"元朝长颈塑雕龙纹荸荠瓶"有什么反应？您对柴窑应该最有发言权，应该对日本那件"青百合花瓶"说话了！

李松堂：当佟先生看到我那件元朝长颈塑雕龙纹荸荠瓶时，终于相信他自己那片碧青釉不是柴窑，应该是元瓷。但他并不遗憾，因为碧青釉元瓷，也是难得的珍奇之宝，是国宝级的文物。佟先生的瓷片是我认真研究柴窑的开始，至今回想起那段经历，我总是感谢佟先生，也感谢那片碧青釉小瓷片。

三十多年过去了，这期间，日本学者对中如云先生带着对柴窑的期盼，精心研究"青百合花瓶"，并出版了《至宝·千年之旅——发现绝迹千年的柴窑》一书，2008年我就看到了此书，看书时我就进行了对比，知道"青百合花瓶"不是柴窑，极大可能是碧青釉瓷器。虽然对中如云先生的"青百合花瓶"不是柴窑，但我还是很佩服对中如云先生对中国古代陶瓷艺术品的珍爱和执着。如果可能，我一定愿意与他分享我的柴窑和对元朝碧青釉瓷器的研究心得。

沉石：您有柴窑器实物，一定要开口说话了，您的发现解决了柴窑是否存世的难题，可以消除社会上"柴窑绝迹于世"的猜测，有益于文物界的柴窑器研究。

李松堂：今天遇到了又一位更执着认真的您，提起了我的柴窑，提起了对中如云先生的柴窑研究和他发现"柴窑"的专著，便有了今天这个关于柴窑的探讨。收藏界的学术圈子并不太大，现今网络很发达，对古陶瓷质疑的问题没有解决，专家、学者、收藏家、古陶瓷爱好者都愿意参与争论和探讨，这是好现象。

面对您的执着，我确感盛情难却，因此，我愿意把我珍藏了多年的柴窑奉献出来，也愿意把我和朋友们几十年研究的心得与收藏家们分享。

柴窑之谜举世瞩目，收藏家们致力于破解却一直未果，到今天是应该揭示谜底的时候了。至少我们可以部分地揭示柴窑的谜底，让大家知道世界上还有柴窑器，消除今世无"柴"、史上无"柴"的荒唐论调，

以增进大家对柴窑的认识，增强大家对柴窑研究的信心，把柴窑的发掘和研究推进一个新阶段。

但是，我们发现的柴窑数量毕竟太少，截至目前的其他发现都难以确认柴窑身份，另外，至今并没有找到柴窑的窑址，所以，我的柴窑面世以后，只是解决了柴窑存世问题，只是说明柴窑在人世，柴窑在中国，柴窑在北京，愿意亲眼看到柴窑的人可以前来鉴赏，我也可以到各地巡回展览。由于没有解决柴窑窑址问题，收藏界、陶瓷收藏界对柴窑的研究还会继续下去，必须继续下去。

在以后的柴窑发掘和研究中，现有柴窑可供世界上所有的柴窑文化研究者鉴赏。柴窑文化无国界，但它属于全世界，是全人类的物质、文化财富。

我拥有这件"柴窑红釉双兽耳弦纹葵口瓶"距离现在已经过去47年了，但是我认真研究柴窑是从看到佟先生那一片碧青釉开始的，也有三十多年了，并有些心得，为此还偷偷地自豪了几年。我的朋友们曾经跟其他人也提起过我有一件柴窑，得到的答复大多是："肯定是赝品，现在高仿的多了。"还有人说："他怎么能有柴窑呢？"既然人们是这样的态度，我也很少再拿出来给别人看，一直在家里默默地收藏着。几十年来，我收藏了中国历代的名瓷数百件，却从来没有卖过一件。更没有用它们来炫耀自己，因为我喜爱它们，并且我有一种保护它们的责任感。我们这一代人因为受儒家传统文化影响太深，"仁、义、礼、智、信"是我们从小就知道的做人的准则。现在由于中国收藏界缺少一个公平的学术交流平台，我也没有时间去给他们作更多关于柴窑的解释。几次想动笔写一本关于我对柴窑的体会的书，也因为工作特别忙，还是把笔放下了。

沉石：您当初挖掘小红瓶的时候碰破了瓶口，有七块碎片，为什么

至今没有修复?

李松堂: 屈指算来,这个小红瓶在我的多宝格架上已经静静地度过了二十多年了。看着小瓶旁边的七块残片,我时常有一种要将它们修补起来的冲动,但是我至今没有这样做。因为我想总有一天我这只柴窑红釉双兽耳弦纹葵口瓶会摆在众多收藏家和爱好者的面前,让更多的人来看一看它有多薄,它的胎是什么样的,它的釉和胎各有多厚。如果把碎片与主体粘合在一起,整个瓷瓶修复起来,研究柴窑的人们便不能从破口处亲眼看到柴窑的胎和釉的颜色、材质、厚度及工艺等情况,这样不修复反而比修复好,修复后不利于研究柴窑。所以,从便利研究柴窑、提供柴窑研究佐证考虑,一直没有修复,一直保持这种状态。

沉石: 您收藏柴窑,研究柴窑,现在其他地方也宣称发现了柴窑,也都在研究柴窑,您怎么看待其他柴窑和柴窑研究?

李松堂: 是的,全国有不少地方说有柴窑,人们也在热烈地研究柴窑,如浙江、福建、广东、江西、河南、陕西、山西、辽宁、北京、上海等。各地的柴窑研究活动,扩大了柴窑研究的空间范围,丰富了柴窑研究课题内容,壮大了柴窑研究队伍,形成了柴窑发掘和研究遍地开花的态势,柴窑研究呈现出整体推进、整体突破的发展势头,这是好事情。

我的研究和大家互补。我有柴窑,为他们的研究提供对比参照物,他们的研究促进和丰富我的研究,通过横向联系,共同推进柴窑研究事业。

第四章

中国兴起柴窑热

沉石：中国目前的柴窑研究状况是个什么样子？

李松堂：关于中国的柴窑研究状况，可以说已经兴起柴窑热，而且方兴未艾。"柴窑"在一些地方成为热词，成为地方政府、企业、个人的招牌和名片，成为文化交流的平台，柴窑的研究工作已经被一些地方政府职能部门纳入到工作规划中，可见柴窑研究的社会地位在提升。

以前中国的柴窑研究基本处于停滞状态，因为人们认为柴窑不存在，对柴窑失去信心。《古陶瓷鉴真》中有一段话："在30年间无数次的调查中却迄未发现线索。柴窑如果是公元10世纪大名鼎鼎的后周御窑，为什么迟至15世纪才在文献中出现，16世纪才有'青如天，明如镜，薄如纸，声如磬'的评语？可以肯定，它是根本不存在的，是明代文人和嗜古之士误把景德镇青白瓷当成柴窑的结果。"该书的论述代表了古陶瓷研究圈子一部分人的意见，也是那时期中国古陶瓷研究领域权威性的意见，在这种古陶瓷研究思想氛围中，专家们不会一方面说柴窑不存在，另一方面却从行动上投入精力和时间来研究柴窑，古陶瓷研究的国家队不积极努力认真研究柴窑，整个社会的柴窑研究难有发展。

在这种时期，柴窑研究整体发展缓慢，但在具体方面和具体个人来讲没有停止，仍然有个别人、个别群体对柴窑研究孜孜以求，不断取得成果。他们认为柴窑历史事实清楚，曾经流传下来，不会绝迹于世，值得追寻研究。正是这些人的不懈努力，为中国21世纪的柴窑研究奠定了发展基础。就我个人而言，如果不是20世纪60年代我冒着风险，从袁奶奶那里获得柴窑并收藏保护起来，如果不是我从20世纪80年代起，积极研究柴窑，把研究柴窑当成自己的第二职业，几十年如一日地坚持，我也不可能取得现在的研究成果，不可能为国家开辟出一片民间

陶瓷博物馆新天地。

沉石：柴窑研究取得了哪些重要成果？

李松堂：全国的柴窑研究成果不太好说，就我所知，成果不少。主要体现在有的地方民间成立起柴窑研究组织，构建了跨地区柴窑研究平台。全国多地不断发掘出疑似柴窑窑址、瓷器、瓷片，增加了柴窑研究实物。注重总结柴窑研究，产生了新的理论成果。

郑州成立了柴瓷研究会，西安成立了柴窑文化研究所，其他地方也有柴窑研究组织成立，这些民间柴窑研究组织以社团法人的资格，积极追寻柴窑器和柴窑遗址，开展讨论、展览等工作。民间柴窑研究组织的成立，标志着柴窑研究由个体单独开展向有组织有领导的群体研究转变。个体研究势单力薄，集体合作力量大，有利于互通有无，有利于把分散的经验总结出来，如郑州柴窑研究会副会长田培杰写出了柴窑研究的长篇文章，在他的博客上发表。

近些年，柴窑研究者加快了柴窑窑址的探寻活动，所有线索中，河南省的线索最多。曾有汝窑、钧窑说，后来有河南郑州市区挖出"特别薄的淡青色的瓷器碎片"；河南省中牟县张庄村发现了40万平方米的古窑址，此处挖出五代时期的瓷器碎片；河南省新密和登封交界地带的柴窑村可能是柴窑地；河南省郏县黄道窑发现的银釉瓷符合柴窑的特征。

2008年，河南省西华县发现破解柴窑之谜的线索，有瓷片实物为证，有万字论文《柴窑新探》解析。据西华党校王广民副校长介绍，此地为五代周世宗柴荣兄长柴茂的封地。柴茂为后周骠骑大将军，后周瓷窑总管。现周围柴湾等村居住有大量的柴姓村民。他经过多方查对资料，仔细研究所捡瓷片，认为此地就是五代时后周柴窑的所在地。市普查队专家小组对王校长捡到的大量瓷片进行了鉴定，瓷片多为青釉、白釉、黑釉、酱釉等瓷片，其中有五代瓷片。

2013年年底，洛阳日报刊登长篇文章，论证柴窑窑址在洛阳新安县北冶镇。此地窑口的年代可分三个时期：唐、五代时期、北宋时期、金元时期。在五代时期的一些窑址中，发现一些极薄的青瓷片，与文献中记述的"青如天，明如镜，薄如纸，声如磬"的柴窑特点完全一致。当地人士考证，柴氏家族是大商家，本居于邢台，后唐时迁居都城洛阳，柴家从事的主要产业是瓷器、茶业和丝绸。当时洛阳产瓷的主要区域是新安县北冶镇，柴家垄断了当地瓷业，新安县北冶镇确定无疑是后周柴窑遗址！还提出柴瓷是洛阳瑰丽陶瓷史上惊鸿一瞥，要进一步挖掘柴窑文化，开发柴窑文化产业，传承洛阳柴瓷文化，恢复洛阳柴瓷生产。

其他地方也出现很多柴窑消息：有人说陕西耀州窑是柴窑，北京有位张先生欲将祖传"柴窑"捐献国家，大连市一位刘先生1200万元买价拒售"柴窑"，福建省一位林先生藏有"柴窑"，广州一位先生著书论述宋代江西景德镇湖田窑青白瓷就是史书记载的"柴窑"作品，合肥市藏友合力买回五代"柴窑"珍宝，云南省收藏家协会遇到"柴窑"，湖北荆门市一收藏家有"柴窑"，绍兴一位藏友收藏三件疑似"柴窑器"，等等。

媒体披露的疑似柴窑，我们这里不一一列举。

博客、论坛也出现疑似柴窑线索：有的收藏家博客展示"柴窑器"；一位某地网友最新发现"柴窑"物证；一位网友宣称"我收藏到了柴窑瓷器"……

所有这些发现，且不评判真与假，就其本身来说，说明大家在进行柴窑研究，这是好事情。因为每一个发现，都是经过研究人员和所在的研究群体辛苦考证得来的，我认为这些都是柴窑研究的宝贵成果。

当然，媒体披露的发现，也有一些因无法核实而不靠谱，有的柴窑

发现甚至滑稽。胡平先生在"曹氏手稿和柴窑瓷器漫谈"中讲了一个情况，他在电视节目中，看到有人展示民间柴窑精品，一个中年人手捧一件方形蓝色的花瓶类瓷器，声称经过专家的鉴定，这就是历史上最著名的五代柴窑精品瓷器，堪称国宝。他表示，不久这件国之瑰宝将拿到北京请专家进行最终鉴定。然而，当胡平满怀期待地关注这件宝贝的动向时，却突然发现它像一阵风，没有留下任何踪迹可以追摄。这样一来，这件柴窑器是真是假，只能想象了。

近年来，钟情柴窑的人们纷纷着手进行柴窑研究理论的创造，柴窑研究的理论成果呈现百花齐放、百家争鸣的态势。柴窑研究需要理论支撑，没有柴窑理论支撑，柴窑研究走不远。柴窑理论创造方面，当是两本专著的出版较有成就。

2005年，广州赵自强编著了《柴窑与湖田窑》一书，赵自强在书中明确提出，宋代江西景德镇湖田窑青白瓷就是历史文献所记载的柴窑作品。当时的考古界专家表示，该理论突破了长期困扰考古界和文物鉴定收藏界的一大难题。柴窑研究中的"湖田说"以图书的形式竖立起来。该书在当时是我国第一本给予柴窑定论的著作，书中所收录的许多青白瓷图片均为首次公开发表。

2012年，李彦君集长期文物鉴定研究经验之大成，推出新著《柴窑与耀州窑》，这是一本纯学术著作，旨在"揭开柴窑的神秘面纱，客观真实地向大家解说柴窑的真相"。李先生在书中树立了"柴窑烧造在耀州"的论点，并对柴窑窑址讨论中的郑州说、越窑说、湖田说等说法提出了自己的看法。

赵自强在《柴窑与湖田窑》的观点与李彦君在《柴窑与耀州窑》一书中的观点不相符，但不管以后讨论结果怎样，应该承认这两本书都是作者和有关人员长期研究柴窑的心血结晶，是整个柴窑研究的重要成果，为后来者研究柴窑奠定了良好的基础。

关于柴窑的研究成果还体现在不少论文上。如王升虎在《景德镇陶瓷》上发表《谁见柴窑色，雨过天青时——关于追寻"柴窑"历程断想》；王治国、王晖在《文物鉴定与鉴赏》上发表《揭开柴窑千年的神秘面纱》；王学武先生曾在《西安日报》上发表《"柴窑"论证的基本标准》，提出了柴窑认证的14条标准；黄金源先生曾经提出"越窑才能称之为柴窑"的说法。"黄金源先生很早就写过《论柴窑》的文章，对柴窑的来历进行全面分析。……他通过不断考证后得出，'因五代后周皇帝柴世宗留有诗句赞美秘色瓷，而留下柴窑的美名，故我们认为，只有生产秘色瓷的越窑才能称之为柴窑。'"（引自《南方日报》2013年8月12日的《越窑秘色瓷与柴窑的渊源》一文）

网上的新研究成果也不少，对柴窑的颜色、厚薄、声音、工艺技术等提出很多见解，如认为柴窑不是单一的天青色等，这些成果推进了柴窑的研究工作。

随着柴窑研究的深入，柴窑文化理论会更丰富，各种观点会更多，我们期待着。

沉石：现在的柴窑研究有哪些特点？

李松堂：近几年柴窑研究呈现组织化特点。过去一般是个人独立研究，间或伴有藏友之间的磋商。现在则有组织有领导地群体推进柴窑研究。郑州柴瓷研究会的成立就是一个例子。20世纪90年代末，郑州在扩建东西大街时出土了少量青瓷残器，瓷片质量异常精美，当时就有人将这些瓷器和柴瓷联系在一起，可惜的是，当时没有研究组织进行系统地考古发掘，最终也没有确认这些精美的瓷器是不是柴瓷。我国多个地方宣称发现了疑似柴瓷，河南多处发现疑似柴窑，郑州后来又发现了一些瓷器碎片，这些情况都需要系统地考古发掘和研究，需要有组织有领导的集体行动，因为这不是个人或少数人的力量所能办的事情。在2009

年11月18日的郑州柴瓷研究会成立大会上，与会人员介绍了柴窑发掘的情况，梳理了研究思想，明确了研究方向。

陕西柴窑热的特点是民间推动、企业参与、政府支持，共同开展柴窑研究，特别是陕西省文物管理部门、铜川市政府、相关企业和西安民间柴窑研究组织共同创办了"中国柴窑文化论坛"。目前，"中国柴窑文化论坛"已经成为国内级别最高、规模最大的柴窑文化研究平台。近年来，该论坛已经成功举办了两届，有力地推动了柴窑研究的深入发展。

第一届论坛于2010年8月27日至29日在西安举行，规格高，隆重热烈，受到文物界、考古界、收藏界、新闻界的广泛关注，中央和省市几十家媒体做了报道。首届论坛期间，与会人员研讨了三个问题，一是五代耀州窑青瓷的精品是不是柴窑；二是柴窑的窑址在不在"北地华原（耀州）"；三是五代耀州窑青瓷在当时北方是不是最精美的瓷器。论坛成果丰硕。

2012年，第二届中国柴窑文化高层论坛在北京人民大会堂举办，进一步提升了柴窑文化的社会地位，扩大了柴窑文化的社会影响。

当前柴窑热，还体现在民间人士积极主动的特点。这在平面媒体和网络媒体都有动态反映，大家奔走各地考察发掘，在网络论坛、博客发表论文，或参加柴窑研究会议等，利用各种机会研究柴窑，大家互相介绍柴窑发现的情况，交流研究成果，磋商热点问题，收藏家许明、母智德、田培杰、宁志超等人士，在收藏界很活跃、很著名，我从他们的研究成果中得到过新的启发。

云南收藏家协会积极为民间藏家鉴定疑似柴窑，提供即时性、集团化鉴定服务，这对于柴窑研究而言，意义非同寻常。作为省级收藏家协会，有人上门求鉴，能够当即受理鉴定请求，会长亲自出面，组织专家实施集体会测，实施仪器检测，给予客观评定，表现了文博组织保护国家珍稀文物的高度自觉性、积极性和职业道德的先进性，是柴窑鉴定的创新之举。

柴窑热还有一个特点是收藏者爱国。2011年7月9日,《北京青年报》报道：北京一位年逾七旬的张先生,祖籍山西,家有一对祖上传下的后周"柴窑",因得知柴窑为罕见文物,自己不愿藏宝于家,愿意捐献给北京和台北两个故宫博物院各一个,供更多的人观赏。记者亲眼看到这两件宝物：两件造型近乎一致的香熏炉,颜色呈翡翠色,三足、双耳、双层镂空,高约20mm,胎面光亮,表面饰有图案,做工很精美,胎壁都很薄,重量极轻。

张先生是我们身边的爱国藏友。看到这则消息,我感触良多。一直以来,我认为自己是一个爱国收藏者,现在身旁又多了一位志同道合者,很是难得。

生活中,一般人都把祖上传下来的宝物视为家产而细心呵护,法律也没有规定必须上缴国家,尤其在当前经济社会,人们普遍向钱看,这种"为国家、轻小家"的大义举动越多越好。

至于张先生的瓷器是否是真品,至于北京和台北的故宫博物院采取什么态度,至于是否被北京和台北的故宫博物院收藏,都不重要,也无需追踪,重要的是张先生行为爱国,文物收藏界需要这种爱国精神！

沉石：研究柴窑有什么意义？

李松堂：柴窑研究在文化方面、学术方面、经济社会等方面都有重要的意义。

柴窑研究可以恢复柴窑的本来面目,恢复柴窑在中国陶瓷史上曾是第一名窑的位置。

柴窑研究有助于正视中国五代十国时期的瓷业发展历史,明确五代十国陶瓷史在中国陶瓷史上应有的地位。我们知道,五代十国历时五十多年,诸国混战,经济社会遭到破坏,但社会生产并未中断,瓷器发展

尤为突出，如越窑、瓯窑、西山窑、长沙窑、密县窑、耀州窑、宣州窑、邢窑、河北曲阳窑、四川华阳琉璃厂窑、景德镇窑等一大批瓷窑竞相生辉，南方和北方都有精制瓷器，俨然撑起了五代十国时期陶瓷史的门面。面对这段陶瓷史，吴仁敬、辛安潮在七十多年前撰写的《中国陶瓷史》中，专门列了一章予以阐述，该书是我国第一部陶瓷发展史的专著，是比较全面系统地论述中国各时代陶瓷历史的最早著述，是在中国陶瓷史中记载五代十国时期陶瓷史的著作。后来有些陶瓷史学家却将五代时期的陶瓷发展史一笔带过，如《中国陶瓷》一书将五代陶瓷与辽陶瓷合为第三章，中国硅酸盐学会主编的1982年版《中国陶瓷史》将隋唐五代的陶瓷史合为第五章，2004年出版的《陶瓷发展的历史和辨伪》也把隋唐五代陶瓷的辉煌成就合列为一章（第八章），2006年三联书店出版的《中国陶瓷史》将五代与唐代合为一节，仍没单列五代陶瓷史。很明显，五代陶瓷史近几十年一直在中国陶瓷史上缺位。现在，人们重视柴窑研究，一旦获得突破，不仅柴窑现身，还将竖起"五代十国"瓷业大旗，柴窑将带领五代十国时期众多瓷窑登上中国陶瓷史的辉煌殿堂。五代瓷业的发展，是五代十国时期乱中有治的社会历史的一部分，是中华民族手工业一代接一代持续发展历史的生动写照，五代陶瓷史是中国陶瓷史上的光辉篇章，应该保留在中国陶瓷正史中。

关于柴窑研究的文化、学术意义，我们还可以通过日本专家一代接一代地研究中国古瓷来体会。日本与中国是一衣带水的近邻，文化渊源深厚长久。对中如云先生研究的青百合花瓶是自己朋友K先生的藏品，最初两人和相关的人都不知道其身份，他受朋友的委托，研究、厘清"青百合花瓶"的真面目。为什么对中如云先生的朋友不自己研究而委托朋友研究呢，原因是研究该花瓶有可能成为震惊世界的新发现，而要研究其真实身份，一定要花十年八年的时间，K先生当时已经年过古稀，于是，K先生告诉对中如云先生："我已经没有再花上几年时间去研究它的力气了，以后的事情交给你了。"从那时起，对中如云先生接受了K先生的"青百合花瓶"，担负起朋友的委托，持续研究八年，终于取得"'青百合花瓶'疑似柴窑"这一阶段性成果。日本两代专家正是认识到柴窑研究的文化学术意义，而且还清楚地知道研究它的艰难程度，才以柴窑为假想目标，毅然决然地、义无反顾地对一个身份不明的精美瓷器接力研究，争取发现绝迹千年、震惊世界的柴窑瓷器。

关于柴窑研究的经济社会意义，或许有人不以为然。我们可以体味一下2010年时铜川市陈俊副市长在第一届《中国柴窑文化论坛》上的致辞，或许会有所感悟。铜川市陈俊副市长在致辞中讲道："我们举办这次论坛，邀请海内外专家学者共同研究柴窑文化，正是推进文化建设和经济发展的一个重要举措。我们相信，在大家的共同努力下，本次论坛一定能够追溯历史渊源，科学地揭示柴窑与耀州窑的关系，揭示其文化内涵和人文价值，为我国博大精深的陶瓷文化注入新的内容，一定能够促进我们更好地保护和利用好这笔巨大的文化资源，从而进一步振兴耀瓷文化，提升城市品位，为铜川科学发展增添新的活力。"陈俊副市长这段话，把柴窑研究的综合意义说得清清楚楚，讲得全面而深刻。

柴窑研究是陶瓷领域重大学术问题，是一项重要的民族文化建设事业，是地方推进经济社会发展的重要举措，是国与国文化交流、融合、竞争、发展的重要方面。

就我个人而言，我之所以几十年来坚持研究柴窑，把研究柴窑当做我精神生活的重要部分，是因为我知道柴窑的历史地位，知道研究柴窑对自己人生、对社会、对国家的意义非同小可，所以我坚持不懈！

第五章

松堂柴窑是真品

沉石：您一直确认您收藏的小红瓶是柴窑真品，请问您是怎么确认的？

李松堂：我确认那件小红瓶是柴窑，经过了认真考证，不是随意说的。我的考证方法是对比排除法，这个方法是可靠的，是现在收藏界普遍采用的鉴别方法。

我的对比考证是分阶段、按步骤有序进行的，而且有朋友一起研究考证。

第一阶段分两步走。一开始，我和朋友通过对比柴窑的来历判断是否是柴窑。如前所说，我的朋友佟先生找来了建国前的印刷品，上面有袁世凯的大管家郭葆昌买到柴窑的记载，佟先生和我据此分析判断。我的柴窑，是从袁奶奶那里获得的，袁奶奶应该是从她父亲袁世凯手里得到的，袁世凯的柴窑很可能就是郭葆昌当年买到的那个柴窑。郭葆昌当年买柴窑应该是替袁世凯买的，因为单凭郭葆昌当年的地位和财力，他自己难以购买。如果当年袁世凯的大管家郭葆昌买到的柴窑是真品，那么袁世凯、袁奶奶和我相继接手的柴窑肯定是真品。因此我们认为小红瓶应该是柴窑。

接着，我便拿我的实物柴窑与文字柴窑对比。历史文献记载柴窑有四大特征："青如天，明如镜，薄如纸，声如磬。"

关于"明如镜"。我的柴窑光亮照人，熠熠生辉，符合这个特征。

关于"薄如纸"。我认为"薄如纸"只是一种形容，形容柴窑非常薄，我收藏的小红瓶破损处厚度只有1.29mm，像鸡蛋壳一样。目前我还没有发现比这更薄的瓷器。我的小红瓶符合柴窑超薄的特征。

关于"声如磬"。坦率地讲，我们没有敲击小红瓶来验证声音是否

如磬。因为我害怕敲击的力度把握不好,把柴窑敲碎了,因为它太薄了,有几个数十年交情的密友至今都不敢拿着观赏,害怕一不小心碰破了。尽管我们没有敲击验证声音是否如磬,我们仍然确信它的声音一定是动听的。

关于柴窑的釉色。我没有拘泥于"天青色",而是通过理解柴荣御批来进行确认。"天青色"是传说,不是柴荣说的。柴荣的御批是"雨过天晴云破处,者般颜色作将来"。我认为御批中的"雨过天晴""云破处""这般颜色"是三个理解点。

逆向推理,御批中将要烧造的柴窑器颜色是"者般颜色",而"者般颜色"是"云破处"的颜色,"云破处"的颜色就是浮云出现被阳光照射所显示出的颜色;气象又限定为"雨过天晴"。那么,我认为"雨过天晴云破处"的颜色必然显示出多样色彩而且不断变化,而这些色彩中当然包括红色,所以,我理解御批中"云破处"的颜色应该有红色,也就是说红色是应有之色。

云破处是动态的云层,也常形成灿烂云霞,很多时候雨过天晴时天空会出现火烧云,还会出现美丽的彩虹等天象。可以想象,某日,绵绵的阴雨天终于迎来了雨过天晴,火红太阳照耀下,柴荣与瓷官议瓷之时,放眼望去,天边的红霞让柴世宗赏心悦目,也可能是那片火烧云应了这位青年皇帝夏天般火热的情怀,性情所致,欣然御批,"者般颜色作将来",红色柴窑器也就随之诞生,且流传至今。

另外,从"者"字的含义来分析。我们知道,"表音兼表义的字归纳在一起,称为字族","赭"字属于"者"字族。在"者"字族里,"者"字都是声符兼义符。"者"与"赭"声义相通。"赭",基本字义为红褐色,赭石即矿物,土状赤铁矿,可做颜料,"赭"的本义是"生产赤色颜料的专业户"。"者"字的字义宽泛,根据同族字的关联特性,认为"者"字具有"赭"的红褐色基本字义无大错。据此,进一步认为柴荣御批要求使用土状赤铁矿做颜料烧造柴窑，而且是使用赤色颜料专业户提供的颜料，而采用赤色矿石作颜料的柴窑瓷器不能不呈现红色，所以有红色柴窑器应该是可信的。

至于"青如天"这三个字，我认为是世人对御批的狭义理解，"青如天"的说法强调了雨过天晴时天空可能出现的蔚蓝色，却忽略了"云破处"被太阳照耀的五彩云霞这样的天象，忽略了太阳高照下常常出现的赤橙黄绿青蓝紫这样多姿多彩的天象，忽略了彩虹、火烧云等天象……从雨过天晴的自然天象看，从古人和现代人雨过天晴后相通的心理感应看，柴窑不可能只有天青色一种颜色。

所以，我坚定地认为我的小红瓶是柴窑。

我还拿我的小红瓶与我的其他名瓷藏品对比，进一步确认我的小红瓶的真实身份。

我藏有历史上各个时期的各种名瓷，对比起来很方便。工作之余，一有时间，我便对照观赏，这几乎成了我的第二职业，通过长时间的对比，我一一排除了小红瓶是唐瓷、宋瓷、元瓷、明瓷、清瓷的可能性。有比较才有鉴别，比较一次，我的信心就增进一次。

第二阶段，全面系统地对比鉴别。我的对比主要有三类对象：一是进一步搜集对比历史文献记载，二是对比各种名瓷，三是对比各地发现的疑似柴窑。例如我拿柴窑与某件宋瓷对比时，我会把柴窑和某件瓷器摆在一起，还会把柴窑的历史文献和这件瓷器的有关资料拿出来，比实物要素，比文字描述，需要的时候，再把同类瓷器的其他品种及相应资料也一起拿来，全面深入地对比。

经过这样反复地对比鉴别，我确认我的小红瓶是柴窑真品，我为自己拥有柴窑感到幸运！

沉石：请谈谈鉴别、确认柴窑过程中，与其他地方藏品您是怎么进

行比较的？

李松堂：在鉴别柴窑的过程中，我不仅比较自己的藏品，还热衷于比较国内外博物馆的展品，我随身带着柴窑的照片和分析资料，每参观一处陶瓷文物，总要仔细地观察那些名瓷，常常在必要时，拿出我的资料，反复对比，反复核查，经常是核查完毕才满意地离开博物馆。多少年了，我坚持挤时间外出参观，在参观中考察，在考察中比较鉴别。目前，在我所参观过的国内外博物馆里，没有发现一件能与我的柴窑相媲美的瓷器。

沉石：既然已经通过大范围名瓷的比较认定，那您为什么还要与那些疑似柴窑对比鉴别呢？

李松堂：这是中国柴窑研究热潮出现以后的新情况。近年来，柴窑研究蓬勃发展，各地陆续宣称发现了柴窑。无论哪里，无论谁发现柴窑，总有一定的依据。假如别人发现的是真柴窑，那我的小红瓶是不是柴窑呢，所有发现的柴窑会不会都是柴窑真品呢，如果不去比较，就不能进一步认知我的柴窑是真还是假，所以我关注各地的柴窑线索，及时进行对比以求结果，以求心安。说到底，进一步与各地发现的疑似柴窑对比鉴别，也是研究对象的扩大，研究范围的拓展，也是我的柴窑研究的需要。

沉石：在后来的柴窑对比研究中，您感受最深的是和谁的柴窑进行对比，有哪些收获？

李松堂：每一次对比别人的柴窑我都感受强烈，毕竟是千年至宝的又一次是非鉴别，又一次文化陶冶，又一次艺术享受！但是相对来说，每次对比的感觉还是有所不同的，我的第一次对比是与佟先生的藏品对比，佟先生曾经认为他的瓷片是柴窑，那是一次藏友之间的对比认证，那一次刻骨铭心。那次对比让我产生一种感悟，使我对小红瓶由无知转变为认知，我认识到手中的小红瓶就是千年至宝柴窑，那是一种神圣的感悟，至今没有动摇过，甚至我在听到别人非议而产生自我疑虑时，也不曾认为手中的小红瓶柴窑器是仿品。

最为震撼的是对比认证日本收藏家对中如云先生所发现的"柴窑"。对中如云先生发现、研究"青百合花瓶"，到取得阶段性科研成果，前后经历了八年时光，具有考证时间长而精细、发布消息声势大、几乎定性为柴窑等特点，这是一条柴窑发掘研究的重要线索，是鉴别、研究柴窑的重要参照机会，我很珍惜对比研究手中柴窑的这个机会。对比的结果使我进一步认识到我的柴窑是真品，自己有责任向社会公开，有责任写书告诉世人，告诉人们千年至宝柴窑没有绝迹，一直在中国珍藏着。

我曾错过了目睹"青百合花瓶"的机会，后来也没有找到合适的时间去观赏，好在对中如云先生在书中介绍得很详细、很清楚，使我看他的图文如见实物，能够以他的图文和我的实物进行比较，达到了实物对比的效果，以后如果有机会，我一定看望对中如云先生，观赏"青百合花瓶"。

这次对比使我的爱国精神得到一次陶冶和升华。一个外国人，不辞辛苦，穷尽今天世界上能够实施的各种鉴定方法，考证柴窑，这要多么强烈、深厚的柴窑感情、中国文化感情作支撑！我作为中国人，已经知道自己手中掌握柴窑真品，更应该站出来，和对中如云先生一起，和无数的古瓷爱好者一起，共同研究柴窑，弘扬中国历史文化。

沉石：在对比疑似柴窑中，您最重视哪些柴窑线索？

李松堂：从世界陶瓷界讲，我重视对中如云先生的研究线索。在国内来说，我比较重视陕西方面柴窑线索，因为我感觉陕西方面柴窑的发掘研究模式是新模式，适合中国国情。陕西不但提出了耀州窑就是柴窑的观点，而且对史书上记载的"柴窑出北地"做出了行政区划上的考证解释，在略显牵强中显示出柴窑研究的精神可佳。我认为，在没有搞准柴窑窑址以前，可以进行各种推断，他们从行政区划入手，研究耀州当时的辖区名称和耀州窑瓷器的当时质量，进而考证柴窑的烧造地在耀州，这本身是柴窑研究思路的新开拓，值得重视。

2010年，在西安举行的第一届论坛上，有陕西省和铜川市政府相关机关、企业、当地民间研究机构、专家学者一百多人参加，人数多，层次高，专业性强，该论坛研讨了柴窑相关问题，内容涉及记载柴窑的历史文献、发掘五代耀州窑遗址情况、五代耀州窑青瓷的工艺特点、西安市区出土的五代耀州窑青瓷标本、柴窑研究现状、五代耀州窑青瓷标本的科学检测以及与文字柴窑瓷器的对比等。最终没有肯定耀州窑是柴窑，到2012年的北京第二届论坛上仍然没有确认耀州窑是柴窑，两届论坛的成果是多方面的共识，我们应该相信两届论坛的共识，既然没有认定，耀州窑至少现在不是柴窑。

耀州窑不是柴窑，并不能证明我的柴窑是真品，因此，我以实物与耀州窑精品瓷器的图文资料进行了对比，明显看出我的柴窑器质量优于耀州瓷，加上前面的一系列对比结果，我仍然认定我的藏品是柴窑真品，而且心里更踏实了。

沉石：这几年，河南不断爆出柴窑新闻，河南开封又是后周都城，您怎么看待河南发现的疑似柴窑器？

李松堂：由于我们考证柴窑首先是考证有无柴窑器存世，柴窑窑址的考证在其次，所以我们主要对比河南的瓷片是不是柴窑器，进而判断我的柴窑器是不是真品。

河南发现的瓷片，郑州市内的居多，中牟张庄较少，其他地方瓷片极少，我仔细观察，并与我的柴窑碎片比较，无论色泽、碎片截面的厚薄度、胎色、胎质等，都不在一个质量档次上，可以肯定地说，河南发现的瓷片，不明显符合史书记载的柴窑瓷器特征，或者可以确定地说，都不是柴窑器。

尽管我认为那些碎片不是柴窑器，但柴窑在河南的可能性仍然存在，更不排除柴窑距离郑州、开封不远，因为开封是后周首都，柴窑是皇家御窑，离首都太远有诸多不方便，考虑到当时交通不便，起码是皇室督造不方便。因此，我认为柴窑不排除在郑州、开封附近。

这里需要说明一点，柴窑器是柴窑窑址生产的，但追寻柴窑器和追寻柴窑窑址是两回事。

严格讲，发现柴窑器的地方不一定是柴窑窑址所在地，不是柴窑窑址的地方也可能发现柴窑器。因为柴窑烧造的柴窑瓷器流向可以是后周政权行政管辖的任何一个地方，甚至还流入不是后周管辖的地方，这决定了柴窑窑址以外的地方都有可能发现柴窑瓷器，我们不能说柴窑器的发现地就是柴窑所在地。比如我的小红瓶柴窑器，现在随着我本人在中国北京，当年它的烧造地肯定不在北京，因为这个小红瓶是经过千年无数次的流转最后到达我的手上，被我珍藏。在我之前，小红瓶是袁奶奶（袁世凯的女儿）的收藏品，那袁奶奶之前，再之前呢？总之，之前近千年间，又是怎么流转的，无人知晓了，那么它的出生地在哪里更是难以查清。现在的关键之处在于，世界上还有柴窑器传世，柴窑器没有绝迹。所以，柴窑的研究目前要以追寻柴窑器的存在与否和真伪上，确认世上有柴窑真品。

沉石： 民间个人发现有疑似柴窑瓷器，媒体和网络都有所披露，您是否也进行了对比？

李松堂： 我很重视柴窑新闻线索，很重视民间的个人发现，只要得到线索，我就认真与这些人的藏品进行对比，通过对比增进了我对

柴窑器的认知，开阔了我对高古瓷研究的视野，坚定了自己藏有柴窑的信心。

因为广大陶瓷爱好者和民间收藏者是瓷器收藏的主力军，他们的疑似柴窑，媒体既然宣传，就说明具有新闻意义，是重要发现，比道听途说可靠、可信、可参考。另外，藏友之间藏品的对比不仅可以加深对柴窑的认知，也能互相学习、共同提高，取长补短。如果对比结果都是柴窑，更是好事。

还有一点，国家文博单位和文博人员没有收藏柴窑，任何收藏者要想鉴定自己的藏品，可靠途径不是争取上电视鉴宝节目，而是要和藏友交流，当然，现在大信息网络时代，通过网络高清资料也可以获得对比效果。

我看到一段文字，发表时间是 2010 年 12 月 30 日，该文说"某地最新发现'柴窑'的物证"，介绍当地有一位收藏者，惊奇地发现自己藏品在磨损很厉害的罐底部隐约刻有"柴窑"二字！且"柴窑"二字是在胎骨未入窑时的刻印记，绝非人为故意新琢。该文没写出相关数据。看到以后，我当即对比，我的柴窑款识只一个"柴"字，不是"柴窑"两个字，而且"柴"字是在不会磨损的位置，与藏友那件藏品底部的字数和位置都不相同。我判断，藏友藏品底部的"柴窑"二字是人为故意新琢的，可能是刻写的人没见过真柴窑，按照自己的意图，误在容易磨损的位置刻了两个字，这只瓷罐不是柴窑器

这位朋友发现的是一件假柴窑，说明世上确实有人制造假柴窑，柴窑爱好者一定要提防假柴窑，防止被假柴窑迷惑。

这次对比，我认识了一种假柴窑，有了识别真假柴窑的经验，提高了古瓷鉴定能力，我从心里感谢这位朋友，这位朋友的这件藏品，可作为陶瓷爱好者研究真假柴窑的实物参考。

沉石：和藏友的对比鉴别，有什么收获体会吗？

李松堂：与藏友对比的主要体会是我的藏品是柴窑，还感到柴窑款识很重要。

2007年9月6日，新商报刊登一则新闻：大连市民家藏疑似柴窑古瓷，有人出价1200万元购买遭拒。新商报介绍说，这套瓷器其中一个是瓷碗，造型酷似一株莲花苞蕾，在灯光映照下，每片莲瓣都像是一个虔诚打坐的佛家弟子。另一个瓷壶，名为"注子注碗"，是古时候人们用来温酒的酒器，阳光下照射显凤凰图。一位专家认定是一套稀有的青白瓷，符合柴窑"青如天，明如镜，薄如纸，声如磬"的特点，为五代或者北宋早期的精良之作，2006年4月，经中国国家博物馆检测中心DX釉成分测定，测出该瓷器样品成分与宋影青瓷釉表面成分有差距，但没有提供确定性的鉴定结果。

看到这个新闻以后，我反复观察思考这个疑似柴窑，这的确是罕见的奇特精瓷，与史书上记载的柴窑特点基本相符，质量挑不出明显的缺陷，但是与我的柴窑比较，大连这套瓷器没见到柴字款识的介绍，可能没有"柴"字款识，如果有，不会不介绍。所以，我认为大连这一套瓷器应该不是五代后周柴窑器。尽管应该不是柴窑器，但确实瓷器超薄，质地光泽细腻，造型别致舒畅，尤其是当"注子注碗"以45度角放在阳光下照射时，碗底就会出现一个凤凰的图案，实在惊奇，应属珍稀古瓷。据此，我认为其精美程度不同于常见的历史名瓷。在这个思路引领下，我试图跳出史书上的记载，试图大胆猜想，难道这套瓷器是后周向大宋转折时期，已经转为宋朝工匠的原柴窑工匠们，仍然在柴窑原址按照柴窑工艺技术烧造的、无法铭记柴字款识的"柴窑"瓷器！这种想法实在冒失，科学鉴定不依据猜想。

第六章

探究文字柴窑

沉石：李院长，您一直研究柴窑器，还研究柴窑的历史文献，还把柴窑的文献称为文字柴窑器，这有什么考量？

李松堂："文字柴窑"是我相对于实物柴窑提出的，我称谓文字柴窑的本意是为了便于研究柴窑。因为我有实物柴窑，为了使我的柴窑器实物与文献记载的柴窑区别开来，便于研究柴窑，我便把记述柴窑的文字视为文字柴窑。在我的柴窑没有公开以前，世上无柴窑实物。如果说世上存在柴窑，那么柴窑以什么形式存在于世？人们看到的柴窑是个什么样子？柴窑传说是柴窑器以语言形式存在于世，明代以来记载柴窑的历史文献是柴窑器以文字形式存在于世，现在文字柴窑成为人们眼中的柴窑。人们见不到实物柴窑，见到的只是文字柴窑，文字柴窑说明了柴窑瓷器的标准和美学风格，所以，我便在柴窑研究中使用了"文字柴窑"这个概念，在坚持研究实物柴窑的同时，更加重视文字柴窑的探究。

对实物柴窑器和文字柴窑器结合研究，符合柴窑研究的现实。在历史上的柴窑研究中，主要是探寻柴窑器和柴窑窑址，千年以来未有公认的成果，一直是个谜，柴窑器和柴窑窑址到底藏身何处。自有柴窑文字记载以来，柴窑器和柴窑的藏身处有三个，一是存在于现有史料中，以文字形式存在，可以称其为文字柴窑器和文字柴窑；二是存在于收藏者那里，这是人间收藏的实物柴窑器；三是未发现的柴窑器和柴窑遗址存在于未被人知的某个地方。人们探寻柴窑器和柴窑，可以探寻文字柴窑、柴窑器收藏者和相关地区，从文字和实物两个方向寻求突破。

柴窑和柴窑器的文字记载密切关联，自古以来无数人重视探寻文字柴窑，期望得到线索，破解柴窑之谜。尽管一代又一代的人无果，但人

们还是不断地总结经验，继续前进。历史走到今天，到了我们这一代，柴窑和柴窑器照样以实物和文字两种形式存在，我们虽然掌握了实物柴窑，有鉴于柴窑遗址尚未找到，仍然不能放弃对文字柴窑和文字柴窑器的探寻，应该继续争取在文字柴窑的蛛丝马迹中获取新的突破。

柴窑研究也是一种文化研究，文化有连续性、继承性、发展性。历代人们研究柴窑的成果汇聚成丰厚的柴窑文化，文字柴窑是柴窑文化的载体，研究文字柴窑和文字柴窑器，可以广泛吸收柴窑文化营养，增强我们自己的柴窑文化机能。

研究文字柴窑也是研究我的实物柴窑的需要，也是我的柴窑研究优势，正是长期两者的结合研究，在确认我的柴窑真品的同时，对柴窑之谜取得了较为理性的认知。

现在，我的实物柴窑公开了，其他人可以随时到我这里鉴赏，也可以在研究文字柴窑的同时，研究实物柴窑，从而使更多的人完整地认识和研究柴窑，中国的柴窑研究、柴窑文化研究将进入一个新的研究阶段。

对待文字柴窑，我的态度是认真参考，既不迷信，也不轻视。不认为文字柴窑是唯一的标准，也不认为文字柴窑是臆造。比如，曹昭的柴窑文字是曹昭根据当时听到的柴窑传说所写，这从曹昭原文中"世传"二字可以看出，虽然是沿袭旧说，显然也没有造假，毕竟他把人们的口头传说变成了文字，写出了柴窑器的几个特征，曹昭的记述填补了柴窑、柴窑文化、柴窑文化研究的空白。历史上不少文献是根据民间传说写的，大家依然公认可信、可参考。不迷信就是前人可以根据传说记载柴窑，我们今人也可以在前人曹昭等几代先贤们研究的基础上进一步发掘研究柴窑，包括根据后周、宋朝的历史时代背景来分析破解柴窑之谜，比如柴窑颜色是不是经曹昭记载下来的、历史上传说的、明清以来众口一词的单一"天青色"，我们可以穿越历史去分析，可以提出新的认知，只要有道理，而且符合自然科学，符合历史实际情况就可以。

沉石：研究柴窑，应该知道柴窑文字最早的记载，您怎么看？

李松堂：过去，业界对此没有统一看法，大致有两种说法，一说是北宋欧阳修在其《归田集》中对柴窑的记载最早最权威，此说法被人们长期认知，同时又大受质疑；另一说法是曹昭所撰《格古要论》最早。这两种说法使柴窑文字记载的时间相差四百多年。这个问题在2010年第一届《中国柴窑文化论坛》上得到了解决。具体可参见2010年该论坛形成的第一条论坛共识："一、必须重视古代文献的梳理和进一步挖掘，目前所见记载柴窑的最早一部古代文献是成书于明代洪武二十一年曹昭所撰《格古要论》。长期以来曾经被人们认为所谓记载柴窑的最早一部文献——北宋欧阳修撰《归田集》，是一部张冠李戴的著作，其作者系清代康熙时期著名学者高士奇。"

我们知道，《中国柴窑文化论坛》是由陕西省政府文物管理部门、铜川市政府、企业、民间柴窑研究组织联合创建的，是目前中国柴窑研究最高级交流平台，一百多名参加人员都是文博界老手、专家学者，很显然，这条论坛共识有立有破，毫不含糊，具有权威性。我们可以据此认定明代曹昭所撰《格古要论》是目前已知的最早记录柴窑的历史文献。

柴窑文字最早记载之谜破解了，却引出了另外一个有趣的问题，颇有点儿"洗净萝卜弄脏了水"，需要澄清。

《归田集》非欧阳修所写，那么欧阳修到底有没有写过书名含有"归田"二字的著作，这是一个很自然的问题。经过查证，欧阳修晚年在颍川养老期间确曾写过一部《归田录》，他在书中记述了自己的经历见闻，记史实，探物理，辨疑惑，示劝戒，采风俗，皆为朝廷之遗事，史官之所不记。《四库全书》编写组认为《归田录》大致可资考据，

将《归田录》收录于《四库全书·子部·小说家类》。《归田录》没有论述柴窑或汝窑的内容,所以,我们还要分清《归田录》与《归田集》书名一字之差,欧阳修的《归田录》与清代高士奇的《归田集》不是同一本书。

第一届《中国柴窑文化论坛》以后,收藏界还有人坚持己见,坚持认为欧阳修最早记述了柴窑,大概是混淆了《归田录》《归田集》这两本书的作者和内容,两书书名一字之差,使今天的柴窑研究产生了不同的认知。

为了正本清源,人们需要进一步核查《归田录》《归田集》的来龙去脉,进一步明确,北宋中期欧阳修晚年写了《归田录》,入编《四库全书·子部·小说家类》,里面没有论及柴窑和汝窑。《归田集》出自清代康熙年间文人高士奇手笔。最早记述柴窑的应是明初曹昭的《格古要论》。鉴于《归田集》有柴窑器记载,虽因不是欧阳修所著而使其佐证柴窑器的意义大减,但毕竟有柴窑器记载,仍有一定的柴窑研究价值。

明初曹昭撰的《格古要论》(洪武本)说"柴窑出北地,世传周世宗姓柴氏时所烧者,故谓之柴窑。滋润细腻,有细纹,多是粗黄土足。"曹昭所记流传最广,明朝及后世许多书籍关于柴窑的记载多出于此。此书在万历年间经王佐增补又出版,新版的柴窑记述是:"柴窑出北地河南郑州,世传周世宗姓柴氏时所烧者,故谓之柴窑。天青色,滋润细腻,有细纹,多是粗黄土足。近世少见。"

沉石:为什么文字柴窑的最早记载到明代才出现,为什么宋元没有柴窑的文字记载?

李松堂:中国社会进入明代以后,不少人研究柴窑,不少著作都有关于后周柴窑的著述,文字柴窑开始出现,曹昭最早首创文字柴窑。我认为明朝对柴窑的文字描述，可能与明朝的瓷器烧造和柴窑研究有关。明朝建立以后，大规模毁坏元瓷，包括元青花在内的精美元瓷化为乌有。毁坏元瓷带出一个问题，另行烧造的新朝瓷器应该比毁坏的前朝元瓷更好，至少不相上下吧，如果新朝瓷器不比前朝瓷器好，或者不如前朝瓷器，明朝皇室和大众的心理恐怕都接受不了，脸面上也挂不住。怎么办，必须要挖掘历史陶瓷文化，借鉴创新明瓷。既然与元瓷划清了界限，不与元瓷为伍，必然依次上溯至宋代、五代、唐代的陶瓷文化。在挖掘历史陶瓷文化过程中，明朝陶瓷科研机构、瓷器生产管理机构和产供销系统等有关人员无非是通过文献和传说两条路径，对宋代名窑、五代瓷器、唐瓷等进行了大量的对比研究，经过综合考量，发现并确认后周柴窑器"制精色异""不可多得"，以柴窑等瓷器为鉴可创烧优质明瓷，并相信体现柴窑特征的明瓷不比元瓷逊色。由于明皇宫藏有柴窑，还有宋代其他名瓷收藏，明朝陶瓷烧造行业集宋代六大名窑之长，创烧明瓷，随后经过日积月累，创造了明朝永乐瓷、宣德瓷、成化瓷等优质明瓷，造就了中国陶瓷史上的明瓷奇葩。

如果这种推论有道理，我们可以说是明朝的社会需要启动对前朝名瓷的研究，在对前朝名瓷的研究中，发现了传说中的柴窑，柴窑研究便成为明初历史名瓷研究的重要内容，这期间，研究人员在记述对前朝瓷器的研究成果中，也记下了对柴窑的研究成果，文字柴窑由此形成。明代除了曹昭的《格古要论》记载柴窑器以外，还有其他人记载柴窑器，如明代黄一正的《事物绀珠》说：柴窑"制精色异，为诸窑之冠。或云柴世宗时始进御，今不可多得。"明代张应文在其《清秘藏》记载："论窑器，必曰柴、汝、官、哥、定，柴不可得矣，闻其制云：'青如天，明如镜，薄如纸，声如磬'。"明代人周履靖在《夷门广牍》中有记："柴窑出北地，天青色，滋润细媚，有细纹，足多粗黄土，近世少见。"还有高谦的《遵生八笺》、文震亨的《长物志》、谷应泰的《博物

要览》、田之蘅的《留青日札》等，均有柴窑记载。明以后，清代记载柴窑的文献较多，如清代梁同书撰写的《古窑器考》、清代朱琰的《陶说》、清无名氏的《南窑笔记》、清末程村居士的《柴窑考证》、刘廷玑的《在园杂志》、赵延灿的《南村随笔》、唐铨衡的《文房肆考》、梁绍壬的《两般秋雨庵随笔》等，都有柴窑记载。在柴窑文字中，明清及以后各个时期都有宫廷藏有柴窑器的记述。

宋朝之所以没有文字记载，大概是因为后周短暂，后周柴窑亦短暂，未及总结柴窑经验，社会就陡然换了朝代，宋窑近水楼台已得月，柴窑也就融入了新的品牌，从而叫响了汝窑、官窑、哥窑、钧窑、定窑。但毕竟柴窑超群，世人传说不止，是金子总有发光的那一天，终于在明朝被挖掘出来，形成文字，大放异彩。

元朝由于统治阶层自身的唯我独尊和审美观念，要全方位推行自己的文化，在陶瓷生产领域也是一样，因此，元朝不会深入历史挖掘前朝陶瓷文化，当然也就不会触及柴窑，也就没有对柴窑的认知，自然就写不出柴窑文字。

沉石：明代以来的柴窑文字中，后周皇帝柴荣的"御批"广为流传，这个御批该如何认知？

李松堂：从某种意义上说，柴荣御批是柴窑和柴窑器研究的源头，因此，我很重视柴荣御批的研究和认知。

我在研究中发现御批有用字方面的差异，其中主要用字差异有"晴"与"青"、"者"与"这"、"处"与"著""诸""着""出"、"作"与"做"等，用字的不同又形成了不同的御批文字组合，不同文字组合又产生语义微差。如"雨过天青云破处，者般颜色作将来"；"雨过天晴云破处，者般颜色作将来"；"雨过天晴云破处，这般颜色做将来"；"雨过天青云破处，者般颜色做将来"；"雨过青天云破处，这般颜色做将来";"雨过天青云破处,诸般颜色做将来";"雨过天晴云破处,诸般颜色做将来";"雨过天青云破出,诸般颜色做将来";"雨过天青云破出,者般颜色做将来";"雨过天晴云破处,著般颜色做将来";"雨过天晴云破处,着般颜色做将来"等。

面对多种御批文字,我在不解中求解,到底哪种表述准确呢?我们应该持什么样的态度呢?不同的古书和现今的著作都各有不同的见解。

经过较长时间的考证,我逐渐领会和认知柴荣御批文字应该是"雨过天晴云破处,者般颜色作将来"。这也是我研究柴窑文化和手中柴窑器的基本思路。

历史上在没有柴荣御批原件作依据的情况下,文字差异在所难免,今人应该在现有文字柴窑的基础上,科学把握御批文字。我主要考虑三个要点:一是考虑"雨过"。"雨过"的不同时间点和不同时段会有不同的天象,或是"万里无云,一片蔚蓝",或是"蓝天白云",则可组句"雨过天青"或"雨过青天";否则就应组字"雨过天晴",保守考虑,可用"晴"字。二是考虑"云破处"。"云破处"说明一个时空点,应该是"雨过"时间不长,天空还不很晴朗,应该还有云彩,甚至有大片较多较厚的云,云破的地方亦是太阳出来之处,当用"处"字。三是考虑字义。天空"云破处",由于被太阳照射的云彩厚薄不同,不同时段的云破处颜色应不是单一颜色,"诸"字较贴切,"者"更宽泛,"者"又同"这",既包含云破处的"诸般颜色",也指明"瓷器颜色就是云破处的"这般颜色",采用"者"字。"作"的字义较"做"宽泛,包括"做"的字义。这是我的认知。因此,在本书有关叙述中,涉及柴荣御批时,一般情况下,使用"雨过天晴云破处,者般颜色作将来"这样的文字;而在其他需要引用原著的地方,仍然保持原文字,如后面提到的出自宋徽宗的"雨过天晴云破处,诸般颜色做将来"语句,明知文字有异,仍然保持原句。书中还存在"晴"与"青"等文字之别,也是

因为引用原著的需要而存在文字差异，因为原著文字不能进行改动。

在研究柴窑御批的过程中，我发现柴荣的御批还有其他版本，比如有说"雨过天青云破出，诸般颜色做将来"，原是唐明皇的御批；还有说唐末朱温篡位称后梁帝，避讳"诸"与"朱"同音，将唐明皇御批改成了"雨过天青云破出，者般颜色做将来"；还有说汝窑瓷器烧制成功后，宋徽宗赵佶龙颜大悦，提笔御批"雨过天青云破处，诸般颜色做将来"；还有说宋徽宗赵佶梦到雨过天晴，在远方天际有天青之色，遂命陶工依此烧制。

对于这些说法，我经过核查梳理，认为唐明皇和朱温的御批故事属于个别说法，未获社会普遍认同，不很靠谱，再说，唐瓷没有成为中国历史名瓷，唐瓷的历史地位或许也激发不起盛世大唐皇帝亲笔御批的激情。

关于宋徽宗汝瓷御批故事，因较有影响，我查对了一些有代表性的资料，如《海峡导报》2008年5月29日第A04版发表的文章说："'雨过天晴云破处，诸般颜色做将来'。这是古人形容汝窑名瓷的佳句，却也是如今两岸关系的最好写照。"还有中共河南省委主管主办的《党的生活》杂志2012年第四期上一篇文章，该文提及宋徽宗描写汝瓷的诗句"雨过天青云破处，诸般颜色做将来"。我还查阅了中国陶瓷历史，特别是隋唐五代宋陶瓷史。从瓷器烧造的历史演进看，从宋代六大名窑的地位看，从文字柴窑的特征看，从我的实物柴窑器看，从御批故事情节和当朝实际效果看，作为宋代六大名窑即中国六大名窑之首的柴窑，获得皇帝御批相对靠谱，而且后周在宋朝以前，柴荣御批柴窑可信。我还认为，作为柴窑的研究者，只要确信柴荣的柴窑御批可信就足够用了，可以不去深究宋徽宗御批的真实性，可以听由汝瓷爱好者的专门研究，因为宋徽宗有没有御批汝瓷已经对柴窑研究不重要了。

沉石："绝迹千年的柴窑"这种说法是否妥当？柴窑在历史上有没有实物收藏的记载？

李松堂："绝迹千年的柴窑"这种说法是承认先前有柴窑器，后来没见到，对柴窑现世存在有疑虑。我认为柴窑在历史上从没有绝迹，是事实存在的。首先，五代后周烧造柴窑，后周年间肯定存在；其次，后周以后年代也不会绝迹，世上有传承。

还有清朝乾隆皇帝的四首御题柴窑诗证明世上有柴窑存在，诗文写得很清楚，清朝皇宫确有柴窑碗独佳于瓷群，罕见薄明，柴窑碗的颜色都是黑色，不是青色。

既然乾隆时代有柴窑器，以后的清朝皇帝不会扔掉，可以认定整个清代有柴窑器。从清朝往前推算，明朝、元朝、宋朝应该都有柴窑，至少都有柴窑碗流传，如果宋元明朝代柴窑绝迹，清朝的柴窑碗是从哪里来的？

关于宋朝有柴窑，符合实际情况。后周时间短，几年后进入宋朝，宋朝一直有收藏，没有绝迹过。假如有绝迹的时候，应该是某个时段的个人收藏者未公开，社会公开场合无柴窑亮相，人们误认为柴窑绝迹了。

后周烧造的柴窑怎么会在宋朝骤然绝迹呢？民用柴窑器人们还在用着呢，柴荣的家人亲戚也还在用着呢，达官贵人也在用着呢，无论是生活用还是观赏用，那么精美绝伦的瓷器不会随着改朝换代被一股脑儿抛弃了。随着宋朝的发展，柴窑停止烧造，后周烧造的柴窑器会越来越少，但鉴于宋朝对待柴窑不至于像明朝对待元瓷那样，大规模彻底毁坏，所以宋朝柴窑不会绝迹。

元代有柴窑，我是推断的。现在没有看到元代的柴窑记载，不等于元代无柴窑。明代有柴窑记载，表明明朝有柴窑，实际上同时表明元朝有柴窑实物存在。明朝的柴窑肯定经过元朝的传承，年代不可能隔断。

明宣德的《宣德鼎彝谱》一书，明确记载后宫内库藏有"柴、汝、官、哥、钧、定"六窑藏品，且柴窑排在首位。其柴、汝、官、哥、钧、定中并选29种。人们据此认为明朝皇宫收藏柴窑无疑，也有人认为不实。我认为，即使该书内容有偏差，基于清乾隆的御题柴窑诗，基于我本人现有的柴窑，按年代上溯，也表明柴窑在明朝没有绝迹，在元朝也没有绝迹。

清朝也有柴窑存在，前面提到的清高宗乾隆帝柴窑碗诗是最权威的证明，《清高宗御制咏瓷诗》共有四首。

《咏柴窑碗》："色如海玳瑁，青异八笺遗。土性承足在，铜非钳口为。千年火气隐，一片水光披。未若永宣巧，龙艘落叶斯。"

《咏柴窑碗》："冶自柴周遂号柴，冠乎窑器独称佳。镜明纸薄见诚罕，足土口铜藏尚皆。内府数枚分甲乙，夷门广牍类边涯。都为黑色无青色，记载谁真实事谐？"

《咏柴窑枕》："遵生称未见，安卧此何来？大辂椎轮溯，青天明镜开。荐床犹蟹爪，藉席是龙材。古望兴遐想，宵衣得好陪。坚贞成秘赏，苦窳漫嫌猜。越器龟蒙咏，方斯信久哉。"

《咏柴窑如意枕》："雨过天青色，八笺早注明。睡醒总如意，流石漫相评。晏起吾原戒，华袪此最清。陶人具深喻，厝火积薪成。"

柴窑碗，柴窑枕，柴窑如意枕，三个品类，清楚地表明乾隆皇帝曾经拥有过柴窑。但是，他所拥有的柴窑中，哪件是真正的柴窑，乾隆自己不知，我们当然更不知。我推测，乾隆曾经收藏的柴窑碗可能是柴窑，依据是写得真切实在，读文字如见柴窑碗实物："色如海玳瑁""镜明纸薄见诚罕，足土铜口藏尚皆""都为黑色无青色，记载谁真事实谐"。他收藏的柴窑枕很可能不是柴窑，薄如纸或像鸡蛋壳一般的柴窑，做成枕头不能用，难不成是指观赏的瓷器枕头，也未可知。若是观赏的柴窑枕头，那另当别论。

关于清代有柴窑，还有其他文字记载为证，证明民间也有柴窑。

徐珂在《清稗类钞》中记载，周竹卿藏柴窑小水盂；又有记载清人徐应香收藏一柴窑小盂，色鲜碧，质莹薄，人间罕有。

清汪启淑《水曹清暇录》记载，有柴窑茶盏。

清代刘体仁《七颂堂识小录》中，记其亲眼所见："柴窑无完器，近复稍稍出焉，布庵见示一洗，圆而椭，面径七寸，黝然深沉，光色不定，'雨过天青'未足形容，布庵曰：'予目之为绛青'。"

新中国建国前也有柴窑踪迹。赵汝珍《古玩指南》书中记载："柴窑系后周柴世宗所烧，故以其姓名之窑，在河南郑州，其器青如天，明如镜，薄如纸，声如磬，滋润细媚，有细纹、制精色绝，为往昔诸窑器之冠，相传当日请瓷器式，世宗批其曰：雨过天晴云破处，者般颜色作将来。所谓雨过天青，乃淡蓝之青瓷也。柴窑以天青色为主，其余尚有虾青、豆青、豆绿等色。又有一种不上釉者，呈黄土色，即后代所谓铜墙铁壁骨也。按柴窑传世极少，故宫中尚有可见之。究竟真伪，亦难确定。至外间流传真者绝少，即其碎片，亦等诸珍宝，甚至谓佩此残片，可以却妖毒，御矢炮，虽荒诞不经，亦可见社会人士重视矣。""柴窑传世极少，故宫中尚可见之。"

现在大陆故宫和台北故宫都没有柴窑器收藏，清代故宫中的柴窑器下落未知。根据赵汝珍《古玩指南》书中关于故宫中可见柴窑的记述，清朝收藏的柴窑不应该在溥仪出宫及其以前绝迹，有可能是赵汝珍见到以后的某个时间流失，至于是否与故宫南迁躲避日本侵占有关，这只能凭想象了。

回顾历史上的柴窑文字，可知实物柴窑存世，尤其是近半个世纪中，文字柴窑与我的已知实物柴窑相伴共存，相映生辉。

沉石：后周以后有柴窑存世确定无疑，历史上有没有柴窑仿制品？

李松堂：柴窑仿制品问题我们从宋代说起。我曾经研究过，认为宋代不应该有柴窑仿制品。五代早期，青年柴荣、赵匡胤、郑恩为"桃园三结义"把兄弟。三兄弟一起经营柴氏瓷器商行，在郑州设立柴氏瓷器商号，在其他地方设立柴家窑口，赵匡胤还曾在窑场督办瓷器烧造。鉴于柴荣与赵匡胤长期的结义兄弟关系，赵匡胤又是在后周基础上建宋，皇室层面如果需要，只会名正言顺地续烧柴窑器，不需要仿制柴窑器。

在宋初社会层面，柴窑仍然是日用品和观赏品，还不具有重要文物价值，仿制柴窑意义不大。

由于经济运行的连续性，宋初的皇室和整个社会还需要柴窑继续生产。宋朝生产的柴窑瓷器，尽管窑场、工匠、原材料、工具设备、工艺技术等与后周时代完全相同，柴窑瓷器的属性已经转变，转变为"宋代柴窑"，不是"后周柴窑"，这种宋代柴窑不应该属于造假意义上的仿制品，只是朝代接续意义上的正当的传统瓷器产品，是柴窑正品、真品。宋代柴窑烧造了多少年，无文字记载。但无论如何，宋代烧造的柴窑瓷器不能称为仿制品。

需要指出的是，柴窑的工艺技术逐渐被宋朝其他窑场合法地学习、吸收、借鉴，随着宋代经济社会发展，各个窑场分别创出独具特色的品牌，以汝、官、哥、定、钧等为代表的一大批名窑相继产生，宋朝瓷器生产进入繁荣时期，在进入新的宋瓷繁荣时期以后，宋代各个名窑都不遗余力地发展自己的生产，打造自己的品牌，已经不需要、也无暇顾及仿制柴窑，毕竟要走自己的成长道路有很多事要做。所以，宋代不应该有造假意义上的柴窑仿制品。

宋代以后的元代如何呢，我认为应该没有仿烧过柴窑，没有柴窑器仿制品。理由之一是宋代早已不生产柴窑，元代连经济运行意义上的柴窑后继续生产都无法进行，当然难以仿制柴窑；理由之二是至今未发现元代记载柴窑的文字，也就是说元代没有文字柴窑，那就谈不上仿制柴窑器了；理由之三是元代皇室崇尚蓝白色，在元朝皇室的规制下，元朝的瓷器生产几乎没有仿制柴窑的可能，元青花的横空出世就是有力的证明，证明元朝瓷器生产以我为尊，不循老路，不仿旧品，创新发展，独树一帜，所以元代应该没有柴窑器仿制品。

元代以后，明清好古，相继出现了仿制，明清两朝有摹仿宋代汝、官、钧的瓷器，明清仿制的目的是为了融合创新明瓷、清瓷，是公开行为。但没有看到有柴窑仿制品的文字记载。如明代《宣德鼎彝谱》中提到的所有仿瓷有定、哥、官、汝和元代枢府瓷，唯独看不到仿柴窑器的图文记载。

清代有不完全符合文字柴窑特征的柴窑。比如乾隆皇帝收藏的柴窑碗，他的柴窑碗诗中有一句诗文表明，乾隆自己就不知真假，诗文是"记载谁真事实谐"，他的诗把柴窑碗写得真切，但仍然不知道真假，原因有可能是颜色与文字柴窑的颜色不同，乾隆的柴窑碗是黑色，文字柴窑的颜色是天青色，两相不符合。贵为皇帝的乾隆，面对实物柴窑与文字柴窑的颜色差别他无法最终确定是真是假，但他又据其精美绝伦而认为是柴窑。尽管如此，我也认为这个黑色柴窑碗不是仿制品。

与乾隆同一个朝代的清朝梁绍壬在《两般秋雨庵随笔》中记载，清人何梦华为阮元购得柴窑一片，镶作墨床，色亦葱倩可爱。而光彩殊晦，疑为钧窑混真。混真的钧瓷毕竟不是仿制品。

20世纪二三十年代情况起了变化，有造假意义上的仿制品柴窑。吕成龙《中国古陶瓷款识》一书有过说明："明代以来文献记载有'柴窑'，这一直是中国陶瓷史上的一个悬案，而民间又流传着'片柴值千金'之说，于是20世纪二三十年代时期即有一些古董商制作了一批印有'显德年制'款的薄胎印花碗，有绿釉、黄釉、影青等品种，用来冒充柴窑器，牟取暴利。其造型多模仿宋代影青斗笠碗，胎薄体轻，印有

龙穿花等图案，内底心印一朵盛开的莲花，花心内印'显德年制'四字双行楷书图案式款。"

早在1938年邵蛰民撰的《增补古今瓷器源流考》记载："琉璃厂某古玩肆有残瓷一片，就琢为圆形，周径约三寸余，厚分许，釉淡青色，光足可鉴人，四周露紫砂胚。柴瓷青如天，明如镜，虽色光俱佳，而薄如纸一节已属不符。"

由于"显德"是后周皇帝柴荣的年号，当时的古董商人制造这批瓷器，即吕成龙论述的"显德年制"瓷器，其意图直指中国陶瓷史上的瓷帝柴窑器。瞄准柴窑器的"显德年制"仿制品在二三十年代曾有发现，但人们不知是假古董。1935年，一位美国人在福建曾搜集到一件兔毫盏标本，据说碗外壁下部有"大宋显德年制"六字款铭，日本1977年出版的《世界陶瓷全集、宋代》将其收录为标本。显德是后周最后年号，赵匡胤于公元960年兵变夺权，建立宋朝。假如这件瓷器是宋代烧造，几乎不可能把前朝"显德"年号与大宋合用，这是朝代更替的犯忌行为，再从年款的落款细节看，在宋瓷中从未有过，这件"标本"应是仿制品。这个假冒名瓷例子被人们时常提及，只是后来没看到日本的澄清。

2002年，北京藏家有一件"显德年制"款孔雀蓝釉碗残片，引发了陶瓷业界不少专家和爱好者的热烈讨论，最后，还是通过对残片进行X荧光能谱仪胎釉成分检测和红外光谱仪釉质老化检测，得出系新中国建立以前时期所生产的结论，讨论各方才取得一致认知。

20世纪初期出现造假意义的仿制柴窑有经济诱因。那时，古玩行里兴起了一股仿古之风，唐宋元明清各代瓷器均在仿制之列，当时有不少对中国文化颇感兴趣的外国人高价收购中国古代艺术品，但由于真品有限，故很多古董商便瞅准时机，大肆制作仿品，以牟取暴利。又适逢紫禁城的各代名瓷对公众开放，造假者获得了难得的观摩机会，有条件仿制出仿真度更好的仿品。为什么要以宋代名瓷为样板，瞄准柴窑呢？因为人们既然是赚钱，就要仿制最好的牌子"柴窑"，人们知道后周周世宗的年号是"显德"，954年是显德元年，于是就出现了"显德年制"瓷器。

你可能还会问，现在有没有仿制柴窑，回答有。有人走访了仿柴窑生产现场，并拍了照片。仿制地点、仿制人员、仿制操作、仿制作旧操作、仿制柴窑的砂模、仿制柴窑纹饰图样、仿制柴窑瓷器实物等，清清楚楚，在网上发表，可以说现在柴窑器造假是有的。

沉石：柴窑是不是专指为柴荣皇家烧造瓷器的瓷窑？后周的民用瓷窑是柴窑吗？

李松堂：从科学角度来讲，"柴窑"这个概念，或者说"柴窑"这个名称，值得仔细研究一下。

现在我们研究的"柴窑"是指创建于五代后周的柴窑所烧制的瓷器，具有历史文化意义。

五代后周的柴窑有狭义和广义之分。狭义指御窑，文字柴窑即指御用柴窑。从广义上说，凡是五代后周柴世宗执政期间所管辖区域内创建的瓷窑，都可以叫做"柴窑"。从这个意义上理解柴窑名称，柴窑具有御窑、官窑、军窑、民窑四种属性。如果是具体到某一个柴窑，为皇室烧造御用瓷器的，具有御窑属性。为各级机构和官吏供应瓷器的，具有官窑属性。柴世宗在位一直统兵打仗，柴窑瓷器自然供应军队，这类柴窑具有军窑属性。烧造民用瓷器的瓷窑为民用柴窑，具有民窑属性。

广义的柴窑概念里面，有的柴窑可能具有多重属性，如果有的窑口对官吏、军队、老百姓统供，这类柴窑就具有官军民三重属性。

由于用途不同，各窑瓷器的质量标准可能不同，可能不是统一的"青如天，明如镜，薄如纸，声如磬"，如民用柴窑器可能注重结实耐用，军品柴窑器可能注重适应行军打仗，专供宫廷日常生活、祭祀、庆典以及陈设之用的柴窑器应该精美极致，官窑、军窑、民窑和复合性柴窑则不全有御窑的四大特征。

这里需要指出的是，现在大家随口说出的柴窑，是狭义的御窑柴窑，文献中的柴窑也是具有御窑性质的柴窑，现在学术领域研究的柴窑是御窑，文字柴窑器也指御用柴窑器。

由于柴荣规定礼仪活动用瓷器，御窑柴窑器应该包括日用器、观赏器和礼器。日用器、观赏器好理解，礼器大约可做两种理解，一是直接用于皇家和朝廷礼仪活动，二是体现柴荣恢复周礼治天下的治国理念。后周世宗创建柴窑，不是贪图享用。中国的儒家文化提倡"克己复礼"。礼即《周礼》，"礼"与"礼器"联系在一起，"以苍璧礼天，以黄琮礼地"，璧与琮皆为玉器。它们不是简单的器物，而是"王权"与"礼"的象征。"礼"对社会生活的各个方面都有规制作用。五代时期诸国混战，民不聊生。后周统治者致力于中华一统，必须恢复周礼，以周礼凝聚力量，以周礼作为战胜他国的思想武器。处于复礼治国和礼仪活动双重需要，后周世宗在以瓷兴国行动中，督造了瓷质"礼器"——柴窑礼器，我的这件柴窑器大概就是御用柴窑礼器。

我说后周的民窑广义上可以称为柴窑，是考量后周当时社会背景的认知。史书记载，后周当时为了用铜造钱而大力提倡民众献铜，使用瓷器，各州、县必建一瓷窑，全境瓷窑星罗棋布，这些大量民窑都是按照柴荣皇帝的御旨建造的，柴荣的圣旨也是根据当时社会需要和大臣们的建议颁布的，说不定明代记载的那个柴窑御批"雨过天晴云破处，者般颜色作将来"，就是后周君臣商议大兴瓷业、以瓷兴国方略的某个时候产生的，具有广泛的、包括民窑在内的适用意义。所以，考量到后周大兴瓷业、以瓷兴国的国家行为，我试着拓展柴窑的内涵，即使后周各地的民窑是柴荣另行御旨而兴建，这种"举国兴瓷御旨"的地位不应低于、甚或高于"柴窑御批"的地位，说后周民窑是柴窑没有错。

沉石：柴窑文字讲柴窑出北地河南郑州，然而窑址之谜一直未解，您怎么看柴窑窑址？

李松堂：关于柴窑的窑址，明朝早期曹昭的《格古要论》（后明王佐修订）有记述："柴窑出北地河南郑州，世传周世宗柴氏时所烧造，故谓之柴窑。天青色，滋润细腻，有细纹，多是粗黄土足。近世少见。"曹昭对柴窑的记述，包括地址、名称及由来和主要特征等，很清楚。

今人出于对历史上柴窑文字的不同理解，各说各的理，莫衷一是。

有人从京城地理位置推测，后周京城是开封，柴窑应在河南，距离开封不远。

有人从行政区划分析推测，因为耀州当时属北地郡，五代时瓷器精良，认为耀州黄堡窑是柴窑。

有人从某个地方的地理位置推测，认为古代柴窑文字中所说的"北地"，不是"北地河南郑州"，而是"江西省的'北地'——景德镇"，景德镇的湖田窑是柴窑。

有人认为后周皇帝柴荣的御批是赞美越窑秘色瓷，越窑是柴窑。

有人认为柴窑是吉州窑。

到底如何认定柴窑的地址，我在考证我的柴窑器地址过程中有些感悟，我感觉柴窑窑址应该在河南巩县一带，这一带属于开封、郑州地区，现在还不好定论，我也只是推测，理由有三点：

一是从距离京城远近分析。宋代五大名窑"汝、官、哥、钧、定"中的"汝、官、钧"在河南，都距离郑州、开封不远。耀州黄堡窑、景德镇湖田窑、浙江越窑则距离遥远，柴窑在开封、郑州附近可能性较大。

二是从瓷器烧造历史基础分析。宋代五大名窑有三个在河南，说明河南瓷业发达和烧造时间长，这三个名窑应该在宋代以前的五代时期就烧制瓷器，而且声名鹊起，到宋代才能算得上名牌瓷窑。如同现在的"中国名牌"企业评定，凡是"中国名牌"企业，在没有得到评定的前几年，企业就基本达到了"中国名牌"的标准，然后又经过较长时间的评定程序才获得授牌。这三个窑绝不是一下子突然崛起成为优良瓷窑，因为名窑是在长期烧造历史中逐步形成的。景德镇在五代尚未烧制出宫廷御瓷。河南巩义的白河窑还是中国最早的北魏白瓷产地，也是唐代青花瓷器的发源地，巩义白河窑烧造方式是白瓷与青瓷同窑烧装，历史基础可谓深厚。柴窑应该建立在瓷业历史基础深厚的地方。

三是从历史上瓷器烧造地区环境看。河南郑州地区有适合瓷器烧造的地质条件，瓷土优良，燃料充足，这一地区宋代以前制瓷业发达，有群体优势，柴窑应该建设在有瓷器生产地质基础、行业发展环境好的地区。其他疑似柴窑窑址不具备这样的地质、行业、人文环境等综合优势。

柴窑也可能出自河北某地。我们知道柴氏家族是瓷器世家，原居住地邢州（现河北邢台），柴荣家族经营瓷器至少在唐末、五代前期已经开始，柴荣青年时期经营瓷器是五代时期，柴荣家族和本人经营的瓷器应是河北生产。柴荣老家邢州的邢窑唐代已是著名瓷窑，邢窑白瓷与越窑青瓷并称"南青北白"，邢窑在唐代烧造御瓷，特点是瓷器底部刻有"盈"字款识，"盈"字款瓷是唐代大盈库（皇家私库）在邢窑烧造的贡品瓷器。"盈"字乃是唐代宫内大盈库的简称，"盈"字款瓷只有皇家自用，外人不能随意使用，赏赐除外。邢窑在五代仍然烧造。定窑（今河北省曲阳县境内）创烧于唐，唐代已是著名窑场，五代中后期，定窑白瓷出现了一次根本性飞跃，有些器物甚至超过了邢窑的细白瓷器，宋代烧造朝廷赏赐给文武官员的"易定"赏瓷。邢窑和定窑都有烧造柴窑的条件。当柴荣号召举国兴瓷时，邢窑、定窑作为皇帝家乡窑口和柴家早期的瓷器经营基地，行动应该积极，有可能为皇帝精心生产御瓷，其窑址或在河北的内丘县、临城县、曲阳县等地。

我有时候还联想唐三彩的窑址考虑柴窑。河南巩县是唐三彩的发源地，可是西安、洛阳、扬州也烧制唐三彩。柴窑是否也有多个窑口，按统一工艺技术标准生产柴窑瓷器，唐代会这样做，难道雄心勃勃的柴世宗不会这样做？柴荣青年时代起经营瓷器，成长为瓷器经营行家里手。他们三兄弟建设瓷窑搞生产，也开商铺搞营销，一体化瓷器经营需要大量的瓷器资源。再从他赚取大量财力支撑自己事业直至当上皇帝、君临天下以瓷兴国看，一两个窑口满足不了实际需要。当上皇帝后，要满足皇室生活工作使用、观赏、礼仪、祭器、对下赏赐、对外营销交流，御瓷需求量不小，所以，我甚至猜想，御用柴窑可能不止一处。

沉石：考证柴荣后人居住地之谜，与破解柴窑之谜有什么联系？

李松堂：考证柴荣后人居住地有助于破解柴窑之谜。浙江发现柴荣后人居住地，有大片瓷窑遗址，有瓷片认为是柴窑，有人写出万字论文，但暂时仍不能认定是柴窑遗址。新密和登封交界地带有个柴窑村，这个村大部分人都姓柴，家谱一直延续到现在，疑为柴窑遗址，令人遗憾的是，这里没有发现典型的瓷器碎片，说是柴窑遗址，显得证据不足。所以，柴荣后人居住地不能视为柴窑遗址，只是一条线索。

第七章

柴窑诞生之谜

沉石：柴荣是将军，是帝王，后周瓷器怎么与他发生了直接关系，从而被称为柴窑？

李松堂：这个问题我们可以通过柴荣的身份来理解，柴荣平民出身，青年时期经营瓷器，其后从军从政，最后当上皇帝，精于瓷器的平民皇帝身份使他与后周瓷业联系在一起。据史料记载，柴荣生于公元921年，卒于959年，是五代后周建立者郭威郭太祖的内侄和养子，故亦名郭荣。五代包括五个朝代，指大唐灭亡后次第更迭的后梁、后唐、后晋、后汉、后周五个中原政权，共54年，以洛阳、开封为都。柴荣是五代时期后周的第二位皇帝，后世称其为柴世宗。

柴氏家族原居住地在邢台，是邢州尧山柴家庄人，当地的行政区划现今为河北省邢台市隆尧县，柴氏家族是当地的商业巨族。家长柴翁有一子一女，其子柴守礼（柴荣父亲），其女柴香娘（柴荣姑母）。柴香娘后来嫁给了后唐皇家卫队的一名士兵，名叫郭威。柴守礼娶妻，生一子，名叫柴荣，由郭威和柴氏收养。柴家从事的主要产业是瓷器、茶业和丝绸。

柴荣的姑母与郭威的婚姻颇有巧合性。柴荣的姑母柴氏十五岁时因相貌出众、贤惠被后唐皇帝李存勖纳入后宫为嫔御，却从未得到皇帝的重视。同年，庄宗李存勖驾崩，新即位的明宗把庄宗未幸的宫女嫔御统统放免回家，柴氏愉快地随父母回到家乡。途中遇到一场大雨，不得已在一家旅店暂时住下来。生活就是这样巧合，在旅店借宿期间柴氏与郭威邂逅相遇。郭威当时既无官职，又无财产，只不过是一个"马步军的小役"，但却令柴氏倾慕不已。言谈间，双方得知彼此是同乡，都正值单身而尚未嫁娶，于是便互萌爱意，互表衷肠，二人情投意合，决定终

身，真是天赐良缘。随即在旅店里，两人当着父母的面拜了天地、高堂，结为夫妻。

不久，柴荣到姑母家居住，因柴荣性情谨厚，时常帮助郭威处理各种家务，而且任劳任怨，深得郭威及姑母的喜爱，并改名郭荣，被他们收为养子。当时，郭威的家境并不十分富裕，柴荣为贴补家里的生活，外出经商，做茶叶、瓷器生意，经常往返于江陵等处。柴荣胸有大志，在经商时不忘学习骑射，练就一身武艺；又读了大量的史书和当地备受推崇的黄帝内经、《老子》等著作。柴荣长大成年后，其义父郭威已经统领一方将士南征北战，正需帮手，柴荣便放弃商业经营，随义父郭威到处征战。

后晋天福十二年（公元947年）契丹犯境。据史书记载，后晋的皇帝——"出帝"被契丹王耶律德光所俘押送北上。在此期间，中原空虚，国家不能无主。郭威等后晋众将领商议后决定拥戴河东节度使刘知远在晋阳（太原）称帝，建立了后汉，迁都汴梁（开封）。这个时期也是中国政权比较混乱的时期，史称五代十国。郭威因力挺刘知远有功，被后汉高祖刘知远授为枢密副使，柴荣同时升迁，被任命为左监门卫大将军。之后，郭威又任邺都留守、枢密使、天雄节度使，渐渐位高权重；柴荣被擢升为天雄方内指挥使，领贵州刺使衔，并任检校右仆射。次年，后汉高祖刘知远病逝后，其子刘承佑继位，史称"隐帝"。隐帝昏庸无度，亲近小人，专务荒淫，怠于政务，以至于听信谗言，迫害郭威和柴荣，将留住在京城汴梁的郭氏家属全部诛杀（包括郭威的夫人及儿子青哥、意哥，侄儿守筠、奉超、定哥，柴荣的妻子及两个儿子等），郭威愤而起兵，并以"清君侧"为名杀向汴梁，柴荣则受命留守邺都，主持邺都事务。乾祐三年十一月二十二日，隐帝死于乱军之中，郭威另立高祖之侄刘赟为帝。广顺元年（公元951年）郭威正式取代汉帝，改国号为"周"（史称"后周"），即周太祖，都城为汴梁（开封）。

显德元年（954年）一月，周太祖郭威驾崩，享年51岁，在位三年又半个月。时任晋王的柴荣遵太祖遗诏，在郭威灵柩前即皇帝位，史称"周世宗"。

年富力强的周世宗柴荣，雄心勃勃，决心遵照养父的遗愿，安邦兴国、完成统一大业。他曾向左谏大夫王朴发问："朕当得几年？"精通术数的王朴答曰："臣固陋，辄以所学推之，三十年后非所知也。"柴荣听后十分欣喜地说："若如卿所言，寡人当以十年拓天下，十年养百姓，十年致太平足矣！"为实现这一宏伟目标，柴荣在他五年多的执政期间，励精图治，锐意改革，南征北战，拉开了统一天下的序幕。然而，皇天未佑，天不遐年。显德六年（959年）六月十九日，年仅三十九岁的一代英主周世宗柴荣，驾崩于汴京滋德殿。

宋太祖诏令编撰、宰相薛居正监修的《旧五代史·卷一百一九·世宗纪六》对柴世宗有如下评说："世宗顷在仄微，尤务韬晦，及天命有属，嗣守鸿业，不日破高平之阵，逾年复秦、凤之封，江北、燕南，取之如拾芥，神武雄略，乃一代之英主也。加以留心政事，朝夕不倦，摘伏辩奸，多得其理。臣下有过，必面折之，常言太祖养成二王之恶，以致君臣之义，不保其终，故帝驾驭豪杰，失则明言之，功则厚赏之，文武参用，莫不服其明而怀其恩也。所以仙去之日，远近号慕。然禀性伤于太察，用刑失于太峻，及事行之后，亦多自追悔。逮至末年，渐用宽典，知用兵之频并，悯黎民之劳苦，盖有意于康济矣。而降年不永，美志不就，悲夫！"

北宋史学家欧阳修在其所撰《新五代史·周本纪·世宗纪》里，评述了柴荣的不朽之功，他写道："世宗区区五六年间，取秦陇，平淮右，复三关，威武之声震慑夷夏，而方内延儒学文章之士，考制度、修《通礼》、定《正乐》、议《刑统》，其制作之法皆可施于后世。其为人明达英果，论议伟然。即位之明年，废天下佛寺三千三百三十六。是时中国

乏钱，乃诏悉毁天下铜佛像以铸钱，尝曰：'吾闻佛说以身世为妄，而以利人为急，使其真身尚在，苟利于世，犹欲割截，况此铜像，岂其所惜哉？'由是群臣皆不敢言。尝夜读书，见唐元稹《均田图》，慨然叹曰：'此致治之本也，王者之政自此始！'乃诏颁其图法，使吏民先习知之，期以一岁，大均天下之田，其规为志意岂小哉！其伐南唐，问宰相李谷以计策；后克淮南，出谷疏，使学士陶谷为赞，而盛以锦囊，尝置之坐侧。其英武之材可谓雄杰，及其虚心听纳，用人不疑，岂非所谓贤主哉！其北取三关，兵不血刃，而史家犹讥其轻社稷之重，而侥幸一胜于仓卒，殊不知其料强弱、较彼我而乘述律之殂，得不可失之机，此非明于决胜者，孰能至哉？诚非史氏之所及也！"

北宋著名政治家、史学家、散文家司马光在《资治通鉴》中写道："周世宗，可谓仁矣，不爱其身而爱其民；周世宗，可谓明矣，不以无益废有益。""周世宗英武贤明，以信念御群臣，以正义责诸国。江南未服，亲冒矢石，期于必克。既服，则爱之如子，推诚尽言，为之远虑。其宏观大度，无偏无党，王道荡荡，大邦畏其力，小邦怀其德。"

杨少轩先生的《五代名君——柴荣》一书中则称："吾观五代十国之君主，未有及后周世宗柴荣之伟业者。""较之汉之文武，大唐之太宗，不逊分毫。"所以，后人把柴世宗誉之为"中国十大贤君"之一，也是实至名归，毫不为怪了。柴世宗为后朝北宋的太平盛世打下了良好的基础。

沉石：陶瓷业只是经济社会中的一个产业，柴荣称帝后为什么大力发展陶瓷生产？

李松堂：后周大力发展陶瓷生产是根据国家经济社会建设的紧急需要而做出的重大决策，属于战略性举措。当时国家需要瓷器，只有发展陶瓷生产，才能迅速稳定社会，才能巩固后周政权，才能继续推进国家统一大业。

郭威、柴荣父子接手的是一个烂摊子。后周建立的时候，恰是大唐帝国崩溃以后，五代更迭、十国割据的社会环境。五代持续五十多年，当时的国家已被破坏得千疮百孔，后周建国时主要版图只有河南、山东两省，人数不超过百万，后周面临的局面是国人匮乏，房屋毁坏，土地荒芜，人心涣散，手工业严重消亡。五代时期的频繁战争，往往是所经之处，十村九空，民物殆尽。后汉时，河中、凤翔地区爆发战争，有二十多万尸体覆盖荒野。幽燕地区征召15岁以上、70岁以下男人自备军粮入伍，参战者大多有去无回。青州地区发生战事，进攻方把征来的几万劳工，连同牲畜、车辆一起埋在堡垒下，以增高堡垒，非常残忍。盛唐时北汉十二州有28万户，后来仅有三万余户，约为盛唐时户口的八分之一。整个社会可以说极为凋敝。面对如此残局，郭威父子尽力挽救。

柴荣即位后，深入调查研究治国方略，他发现两个重大社会危机，而这两个重大社会危机存在已久，一是"寺庙僧众如蚁群，诵经声浪冲云天"；二是集市交易不用币，而用铜佛、铜器皿。这种状况令柴荣深感惊愕，进一步查其原因得知，五代战争中从不杀僧人、不毁庙宇，人们为躲兵役而削发为僧。再者，社会闲杂、无业游民、逃兵、罪犯、浪子为求庇护亦涌进寺院，整个后周辖区有寺庙三万多座，僧尼十几万人。在五代十国近五十年战乱间，所有执政集团无一铸过铜币，前朝钱币早已用尽或散失。为了有效管控国家，为了消除经济社会混乱，为了发展社会生产力，为了安抚社会大众，为了挽救国家危局，为了改善大众生活，实现"十年拓天下，十年养百姓，十年致太平"的宏伟目标，柴荣于显德二年即公元955年，下旨毁铜佛铸钱币。

举国毁铜佛，缴铜器，钱有了，劳动力增加了，物流通了，可是皇室、官宦、富商、豪绅、平民百姓用什么器皿生活，这是一个无法回避、必须同时解决的现实问题。于是，大臣们建议倡瓷兴国，大力发展瓷器生产，以满足朝廷上下和广大民众使用、买卖、外贸、外交的需要。根据社会大势，世宗采纳了众臣意见，在搜铜铸钱的同时，迅速部署兴瓷大业，规定朝廷有关礼仪和各种日用品必须用瓷器，规定各州、县建窑烧瓷。在朝廷强力倡导下，后周境内瓷窑星罗棋布，举国上下用柴瓷。

回顾当时建造柴窑的社会背景，我们清楚地看到，在一场轰轰烈烈的毁铜佛、缴铜器、铸铜钱、倡瓷器的行动中，无数柴窑矗立起来，柴窑不是柴荣自拍脑袋、灵机一动的产物，而是顺应局势的治国举措，柴窑不是专门刻意创造的，是应运而生的。我们还看到，柴窑中御窑数量不很多，柴窑中民窑数量非常大。正是出于这方面的考量，我认为这些后周民窑应是柴窑的一部分。

沉石：后周皇帝柴荣创烧柴窑有个人方面的因素吗？

李松堂：据考证认为，柴荣创烧柴窑绝非偶然，在为了国家发展而创烧柴窑的大前提下，还受到柴荣本人的人生信念及治国理念的驱动。如前所说，柴家和柴世宗有瓷器经营经历与瓷器情志，他的治国理念是摒弃奢华，清正廉明，柴荣要恢复圣贤追求的周礼天下，恢复礼制，建设清明国家，造福百姓。

当年，未满十六岁的少年柴荣，在走南闯北的经商过程中，结识了志趣相投的赵匡胤和郑恩，在共同经营茶叶、瓷货的过程中，感情日笃，志向愈合，三人结拜为把兄弟。柴荣领着两个把兄弟在郑州管城唐子巷设立柴氏瓷器商铺，在管城窑、新密窑、巩县窑设立柴家瓷窑，柴荣的二弟赵匡胤在新密瓷窑督办瓷器烧造。由此可见，柴世宗自青少年时代起，便与瓷器有着密切的接触，从而对瓷器有了深刻的了解，结下了不解之缘。当上皇帝后，他这种亲身经历的瓷器情结理所当然地延续下来，作为瓷器业行家里手、又对瓷器烧造情有独钟的柴世宗，根据当时经济社会对瓷器、优质瓷器的需要，亲自安排烧造瓷器便是顺理成章的一件事情。

历史记载，柴世宗的养父周太祖郭威，一生憎恶奢华，注重节俭。他曾对大臣们讲："朕少孤危，艰辛备历，逢时丧乱，尊帝王之位，安敢过自奉养，以困黎民？"并下诏令："应乘舆服御之物，不得过为华饰，宫闱器用，务从朴素，大官常膳，一切减损。诸道进奉，以助军国之费，诸无用之物，不急之物，并宜停罢。"为了表示自己倡导节俭，不使黎民受困的心愿与决心，郭威还将宫中所有的珠玉珍宝、金银器物等奢侈品，当众击碎于殿庭，并对臣僚们说："凡为帝王，安用此？"而且还给有关部门下达诏书："凡珍华之物，不得入宫！"甚至在他临终前，还留下遗嘱：在他死后，陵墓务求简素，不准用石材建坟，不准在坟前立石人石马，不准让百姓服役，不要守灵宫人，甚至严令嗣帝柴荣用"纸衣瓦棺"安葬他。柴世宗继承了养父周太祖郭威的节俭传统，同样憎恶奢华，一律不用珠玉珍宝、金银器物等奢侈品。当然，为了生活和礼仪，皇室与百姓一样，总得有器具使用啊，柴荣应该想到了自己曾经经营的瓷器，瓷器就地取材，烧制相对容易，花钱少，用处多，何乐而不为。

沉石：历史上确实有柴窑烧造柴窑瓷器，为什么现在却有人认为后周没有烧造过柴窑？

李松堂：原因之一可能是有的柴窑研究者没有把柴窑放在后周经济社会发展的大环境中去研究，没有把柴窑放在中国五代十国时期瓷业发展的大环境中去研究，对中国五代十国时期瓷业发展史和后周柴荣以瓷兴国的战略举动不甚了解，加之长期无柴窑面世，产生了误判。如果这些人了解中国五代十国时期瓷业发展和后周柴荣瓷业兴国的功绩，看到

了后周境内星罗棋布的柴窑，自然不会认为后周没有烧造过柴窑。

原因之二可能是一些研究者的思路所致。他们大概知道中国五代十国时期瓷器业发展，知道后周柴荣的丰功伟绩，但没有深究或不知道后周柴荣的丰功伟绩是怎么取得的。他们可能认为，后周世宗在位仅五年，对内革除弊政，发展经济，稳定社会，对外连年御驾亲征，戎马倥偬，南征北战，平定中原后，先后攻取秦凤，三征淮南，收复三关，尽复江北大地，把五代初期形成的中原与吴越以江淮为界的版图，扩大到以长江为界，柴荣忙于如此多的军政大事，没有时间和精力去营造柴窑，生产柴窑器，短暂的执政时间也难以让他烧造出惊世瓷器。这种分析有道理，却忽略了柴荣靠什么对内革除弊政、发展经济、稳定社会，靠什么凝聚民心，靠什么赚钱壮大军队统一国家，靠什么支撑政府运行，柴荣的人力财力物力较大程度上是靠发展瓷器实现的，当人们了解了柴荣依靠柴窑瓷器养民、强国、强军的历史事实以后，可能不会说后周没有烧造过柴窑。

沉石：柴窑出世有哪些重大影响？

李松堂：我认为研究柴窑出世的意义，可以把柴窑放在搜铜铸钱倡瓷和五代的大环境中去认知，如果单独研究柴窑出现的意义恐怕有局限性。秉持这样的视野，我认为首先是御用柴窑带动民用柴窑发展，并因此衍生出多种意义。

柴窑彰显了柴荣皇帝的人格和执政风格。柴荣皇帝是执政为国、执政为民的统治者，这从他体察发现国家危机、深究危机原因、采纳大臣倡瓷建议、雷厉风行推行柴窑瓷器等整个过程看得很清楚。烧造柴窑不是为了满足皇室的奢侈，不是为了发国难财，归根结底是为了挽救国家，为了造福百姓。毕竟，战争中的交战双方都不曾波及寺僧，后周境内战争结束了再去毁焚铜像，难免让人心有顾虑。可是柴荣为了国计民生，义无反顾，毅然做了，而且还御批"雨过天晴云破处，者般颜色作将来"，要求保证柴窑瓷器的质量，说明他文德极高，至少是五代后梁、后唐、后晋、后汉、后周先后十四位君主中文德最高的。柴窑被千年传诵，柴荣也随之被人们千年传诵。

柴窑对销毁铜佛像和民间铜器以铸钱顺利进行具有一定的积极影响。如果不烧造柴窑瓷器，没有柴窑瓷器出现，销毁铜佛像和民间铜器以铸钱就无法获得民众理解和支持，进而无法成功进行。如果烧造的柴窑瓷器质量低劣，受到民众唾弃，销毁铜佛像和民间铜器以铸钱也无法顺利进行下去。这个道理很明显，瓷器如果不精美，人们厌恶不喜欢，寺院和民众不会顺畅地为国缴出铜器，从而后周政权也无法铸出相当数量的铜钱以供流通。如果在没有质优价廉的柴窑瓷器替代铜器的情况下，强行销毁铜佛像和民间铜器以铸钱，势必激起新的社会冲突，进一步祸乱国家和百姓，后果十分可怕。精美绝伦的柴窑出现了，举国上下欣然采用，销毁铜佛像和民间铜器以铸钱的工作顺利进行，包括佛教界在内的社会各界喜笑颜开，国家其他大事好事接踵而来。销毁铜佛像和民间铜器以铸钱，改变了唐末以来长期缺钱的局面，发展了商贸流通，发展了经济，稳定了社会。所以，柴窑在这件攸关国计民生的大事上功不可没。

柴窑对国家整顿、解决佛教发展问题以及对佛教良性发展具有积极影响。销毁铜佛像和民间铜器以铸钱不是简单的事，佛教领域不能动的社会意识很强，这种尊佛观念在十几万后周僧尼中更是信奉有加，五代的战争双方也恪守不渝。因此，销毁铜佛像必须得有寺院僧尼的认同和配合，寺院僧尼的认同配合首先需要僧尼群体体谅国家困难，那么就必须辅以说服工作和精美实用的替代实物，否则，空话大话肯定不行。而柴窑的精美让僧尼们为之惊叹，为之兴奋，没有理由不配合毁铜像造钱。毕竟，僧尼们懂得佛教不是无条件无限度地超然社会，国家兴亡，

人人有责，近五十年无钱的困境不能再继续下去了。于是，僧尼自觉配合。同时，大量因各种原因入寺的假僧尼愿意重新回到社会，寺院恢复了原有的清净和有序。精美的柴窑瓷器进入寺院，既满足了佛事之用，也为寺院增添了美色，成为寺院亮丽的风景。

柴窑间接促进了后周经济社会发展。后周显德五年（958年）的人口普查就足以说明这一点。当年劳动力充余。其原因之一是原在寺院的六七万人经佛教整顿回归了社会，这个人数在当时却不能小视。因为后周951年建立时只有一百多万人口，在随后连年的征战环境中人口发展不会太快，到958年全国人数可也不会很多，所以，这批不是老幼弱病残的成年人是一个很大的劳动力群体，他们摒弃不劳而获的纯消费生活而参加劳动，较大地增强了社会生产力，直接带动促进了经济发展，这一大批僧人成功回归社会也对社会产生积极的影响，相应也促进了社会良性发展。

在陶瓷制造行业，柴窑的意义已经不是间接的了。我们知道，唐朝虽出现青瓷和白瓷，但影响不如唐三彩。唐三彩甚至被朝鲜和日本分别仿制出新罗三彩、奈良三彩，可见唐代以青白瓷为代表的瓷器地位不如陶器唐三彩。五代期间瓷器没有停烧，五代中后期定窑实现了飞跃，后周柴窑成为梦幻之宝，成为名瓷中的名瓷。因此，柴窑对中国的瓷器烧造行业具有标志性意义，柴窑发展了唐代瓷器技术，标志着中国制瓷行业发展到工艺精湛、技术熟练、设备先进、科学生产新阶段，标志着中国陶瓷文化和美学艺术达到新水平，中国瓷器也因柴窑而声名鹊起。

柴窑对后世的陶瓷发展具有示范带动意义。中国历史上宋代其他五大名窑是明显佐证。宋代其他五大名窑显然学习借鉴了柴窑，得以在不长时间内，创烧出各自独具特色的名牌瓷器，使宋代成为中国瓷器发展史上繁荣时期。

后周时代的柴荣和国人们创造的柴窑,是中国和世界陶瓷发展历史上的一段佳话,成就了中国和世界工艺美术史上一个艺术高峰,谱写了中国和世界陶瓷文化的瑰丽篇章,柴窑瓷器千古流传,柴窑美名千古诵扬,柴窑的美丽光辉照耀中国和世界。这也许是当时的柴荣、提议倡瓷的大臣们、柴窑工匠们和使用柴窑器的人们所不曾想到的。今天,我们拥有柴窑器,我们是柴窑的传承人,我们要珍爱柴窑国粹,弘扬柴窑文化,对得起柴窑先辈,对得起后人!

第八章

柴窑的主要特征

沉石： 世人说起柴窑，离不开"青如天，明如镜，薄如纸，声如磬"四个特征，几乎成为口头禅，您有什么看法？

李松堂： 这是文字柴窑的四个特征，现在人们正是根据这些特征来寻找实物柴窑。当人们发现从没见过的精美瓷器时，首先想到该瓷器是不是柴窑，并与文字柴窑进行对比鉴别。

明代谷应泰的《博物要览》说："昔人论柴窑曰青如天，明如镜，薄如纸，声如磬。"文震亨在《长物志》说："柴窑器最贵，世不一见，闻其制青如天，明如镜，薄如纸，声如磬。"这两本书的叙述发展了明曹昭《格古要论》和明万历周履靖《夷门广牍》关于柴窑特征的记述。

我是以平常心看待这四个特征，前面零星说到，这里可以归纳三句话：一是明代书中文字柴窑的特征是过去人们对柴窑的传说，几百年的传说带有越传越神秘的演绎色彩；二是文字柴窑的特征是形容性语言所表述，是比喻，不是照葫芦画瓢；三是文字柴窑的特征含有作者们个人分析判断的想象因素。因此，这四个特征只可参考，不可视为唯一标准。

在柴窑研究中，我坚持相信而不迷信。一方面，认同柴窑的四个特征原本是传说，是明代有关人员根据柴窑的传说记载的，自然要注意准确度问题；另一方面，柴窑文字尽管是柴窑传说的记述，但由于后周确实烧造过，无论宋元正史有无柴窑专门文字记载，后周倡瓷兴国运动中烧造柴瓷在中国正史中有文字记载，这在讨论柴窑历史背景时已经提到。在宋元无柴窑正史文字记载的情况下，宋元四百多年民间传说应是后周烧造柴窑的语言记载，表明柴窑以语言形式存在了四百多年，到了明代，文人将400年间代代相传的语言柴窑转为文字柴窑，实在无可厚非，况且明以来的几百年已经得到社会广泛认同，我们应该相信祖先的智慧，应该相信祖先们约定俗成的柴窑共识。

说文字柴窑的特征是形容性特征，首先是根据那四个"如"字认定，"青如天，明如镜，薄如纸，声如磬"只是形容柴窑颜色很蓝、釉面很亮、厚度很薄、声音很好听，形容柴窑很精美。另外，现实中柴窑器颜色不一定是单一的，这在讨论柴荣御批时也提到过。我们不能偏信这四句话，否则柴窑研究会陷入误区。如前些年，某电视台讲山东蛋壳黑陶时就套用柴窑特征的语句，说蛋壳黑陶"黑如漆，明如镜，薄如纸，声如磬"。陶器的物质结构本不如瓷器致密坚硬，蛋壳般薄的陶器，受不了让它发出如磬声音的那种敲击。所以，鉴定柴窑器要实事求是，不必苛求文字上的描述。

沉石：具体到柴窑的每个特征，又该如何深入理解呢？

李松堂：对于明清记载的柴窑颜色，后人有争议。我在前面谈过柴窑颜色，不过那是本着对小红瓶是柴窑的鉴定，在这里我们可以进一步讨论。

首先说，柴窑的颜色是千古之谜，世上无统一认知，柴窑器颜色和柴窑本身一样，是明代文人根据传说记载的，以后流传下来成为文字柴窑的公认颜色，现在多数人据天青色寻找柴窑。如明朝《格古要论》最早记述柴窑天青色，明代张应文的《清秘藏》、周履靖的《夷门广牍》和清代梁同书的《古窑器考》等明清及以后相关著作写过柴窑色青如天。

我认为，柴窑釉色的认定可以有三个基本点，或是认定文献直接讲的"天青色"，不再考虑别的颜色；或是按照柴荣的御批理解；或是按实物认定。按照后面两个基本点就会认为柴窑有多种颜色。我认为，柴窑文献从最早的曹昭开始，还有明清的柴窑记载，大多如出一辙，都是依据柴窑是"天青色"的传说,而且互相抄袭。今天我们研究柴窑文化,完全可以在重新理解柴荣御批的过程中认知柴窑的颜色。当然御批也是传说,御批毕竟比人云亦云地继承天青色要科学一些。明清和以后的柴窑研究者可以直接按传说来认知和记述柴窑是天青色,我们今天的柴窑研究者应该可以通过进一步理解御批,进一步挖掘御批中含有的颜色,可以依据现有的实物柴窑来认定柴窑的颜色。乾隆大概就没有受限于天青色,而是实事求是地认为"黑色柴窑碗"为柴窑瓷器,我就是在肯定柴窑的质量、对比柴窑的四大特征、理解御批的基础上,确认我的小红瓶虽然不是天青色,但仍然是柴窑器。

这样理解柴窑器的颜色,今人就不用质疑乾隆皇帝的柴窑碗"都为黑色无青色"了,今人也不用疑虑乾隆的柴窑碗"记载谁真事实谐"了。"雨过天晴云破处"的天色有时是这样,有时是那样,有时候红霞满天,有时候彩虹绚丽多彩,有时候天色黑中透亮,不是单一一种颜色,黑色亦是应有之色。

史书有记载,说后周当年全境以瓷兴国,瓷窑遍地,瓷器颜色"大多为单色青瓷、白瓷"。这文字记载有双重含义:说大部分普及型实用型瓷货颜色为单色青瓷、白瓷,又等于说有小部分瓷器非单色青、白瓷。虽然该记载未显示这部分柴瓷是什么颜色,但没有显示也是一种表示,该记载无异于表示青、白色之外的颜色差不多都有,至少包括红色和黑色。问题是小部分多色柴窑器在什么人中间使用、在什么场合使用,该记载没有显示,但人们不用思考就明白,使用多色精品柴窑的人无非是皇室和官宦、军队头领。

柴窑应该有多种釉色,当年工匠们怎么可能只烧制一种颜色呢。现在每一座瓷窑不都是五彩缤纷,而且经常变换花色品种以适应人们不断求新的心理需求吗。

单就天青色色系而言,也有多种颜色。在文学创作中,形容天色,

一般说蓝蓝的天空，形容大地，则用绿达意。说到衣服，会说青布衫。很显然，谈天论地议服装，颜色还有浓、淡、深、浅之别，何况是烈火烧造的瓷器，若用单一色来鉴别柴瓷，不严谨，不科学。因此，说柴窑不止一种颜色，有多种颜色，应能成立。

对于柴窑颜色，我还专题研究过中国陶器、瓷器色彩发展史，我还研究过秦始皇兵马俑鲜艳和谐的彩绘。兵马俑彩绘主要有红、绿、蓝、黄、紫、褐、白、黑、青等颜色，再加上深浅浓淡不同的颜色，如朱红、粉红、枣红、中黄、粉紫、粉绿等，其颜色就不下十几种了，化验表明这些颜色均为矿物质。还研究过唐三彩彩绘。还研究过长沙窑，长沙窑兴盛于唐代，衰于五代，是世界釉下彩瓷器的创烧地，开创了陶瓷业一个伟大的时代。此前，世间只有青、白单色瓷器，而长沙窑的技工们在瓷器上创立了釉下多种色调，尤其是红色。红色在唐代于长沙窑惊现，虽然极少，也许偶然，但毕竟是堂堂正正地诞生了，长沙窑当时生产的器皿上有诗词、谚语，纹饰有人物、山水、云气、花草、鸟兽等，美观大方。

研究可知，秦代到唐代的古人对陶器、瓷器很注重美化，特别是长沙窑的釉下彩多色瓷器开创瓷器新时代，而五代后周柴窑瓷器按说比秦代、唐代大大进步了，比长沙窑也应该有进步，可是历史却记载后周瓷器"大多为单色青瓷、白瓷"，柴窑文字记载更是单一的天青色，没有彩绘，没有其他单色瓷器，如果直白地遵从"后周瓷器大多为单色青瓷、白瓷"的文字记载，柴窑瓷器简直是倒退了，从釉下彩多色瓷器新时代倒退到长沙窑以前的"只有青、白单色瓷器"时代，这不合乎瓷器发展的趋势，不符合柴窑的历史地位，当时的越窑"秘色瓷"还超越了长沙窑瓷器，难道后周人不爱美，难道急需"以瓷兴国"而来不及生产其他颜色的瓷器，难道后周人追求单一的天青色，致使忽略了瓷器的美化，难道柴窑不如当时的越窑及其"秘色瓷"，实在难以理解。通过反复辨析，我确信柴窑有多种单色瓷，进而认为可能有复合彩瓷，只是现在没有发现或没有认定。至少柴窑的釉色品种不应落后于长沙窑的釉色品种。或者至少应保持、发展长沙窑创烧的红色瓷器，因为唐代青白瓷广为烧造，在长沙窑惊现的红色极少，红色恰是那个时代柴窑的发展、突破的方向和空间。

关于明如镜，这是形容柴窑的亮度。我们知道，瓷器釉面的平光度决定瓷器的亮度，釉面平光度取决于釉粒大小和釉的稀稠。釉面平光度还存在不同釉类差别，光亮的釉面应是透明釉，而非乳浊釉或结晶釉。平釉面垂直反射光线，如平板玻璃可照出人影。二氧化硅是瓷土的主要成分，硅是造玻璃的主要材料。无色透明釉实质是玻璃体，无色透明釉自然比亚光釉亮度高。柴窑使用的应该是无色透明釉，所以很明亮。瓷器都不是平面，都是不同度数的球面，即使方方正正的瓷器也不是绝对的平面。同样大小、同样器形、同样釉质的不同瓷器放在一起比较，亮度还是会有差别，柴窑还是比其他瓷器亮得多，所以人们形容柴窑"明如镜"。

"薄如纸"同样是形容性语句，是夸张的说法。薄如纸大概指观赏柴窑，非指实用柴窑，皇室用的瓷碗，也应该能够承受一碗饭的重量，真正薄如纸的瓷碗可能承受不了多少重量。联系到山东几十年前出土的"蛋壳黑陶"和清代景德镇的蛋壳瓷和脱胎瓷，我认为观赏柴窑器薄如蛋壳。对于没有亲眼看见过柴窑的人来说，要正确理解薄如纸。要考虑柴窑瓷器无论使用或观赏，首先要站得住，立得起来。

"声如磬"，我曾多次想敲击听音，但都没有动手，我怕敲烂了，愧对祖先，一直没有敲击听音，不知道柴窑是否"声如磬"。

沉石：柴窑工艺是釉下彩，还是釉上彩？

李松堂：我认为柴窑是釉下彩，这从我的柴窑可以看出来。如果是

釉上彩，光亮度会逊色一些。这一点也可以通过分析来认识。柴窑是宋代六大名窑之冠，柴窑在前，宋代其他名窑在后，柴窑之所以排在前面，说明它的质量超群，这种质量来源于先进的烧造工艺技术。瓷器彩艺工艺有釉下彩和釉上彩，釉下彩比釉上彩复杂，效果更好。根据瓷器工艺技术及效果判断，柴窑应该是釉下彩。

这样说符合柴窑烧造时代的瓷业发展状况。长沙窑在唐代已经开创了釉下彩多色瓷器新时代，其他瓷窑都学习借鉴，如越窑秘色瓷就是釉下彩。还有其他釉下彩佐证。临安出土的五代褐彩云镂孔炉，从炉座等生烧部分观察，发现褐彩绘于釉下的化妆土上，是釉下彩。其生产过程中是在胎体上先上一层化妆土，然后画彩绘，再上釉烧成。该瓷器和柴窑同为五代生产，同处于唐代长沙窑开辟的釉下彩瓷器新时代，都不是宋代生产。临安出土的五代褐彩云镂孔炉没有被公认为宋代名瓷或五代名瓷，而柴窑器则被公认为宋代六大名瓷之冠，柴窑的彩艺不应脱离长沙窑开辟的、多窑采用的釉下彩新时代，柴窑的彩艺不应落后于临安五代褐彩云镂孔炉的釉下彩彩艺，柴窑是釉下彩无疑。

沉石：对中如云先生的"青百合花瓶"和您的"元碧青釉塑雕龙长颈荸荠瓶"，既然都不是柴窑，那么柴窑有哪些特点？

李松堂：到底什么是柴窑？宋、元、明、清直到今天，专家学者们众说纷纭。同时给我们留下了诸多的文字，而且历史的记载也充斥着异议，但我们又不得不将其作为研究柴窑的参考，我们需要证据，历史考验我们的智慧。

关于柴窑瓷胎骨，郭葆昌认为柴窑有白、灰、黑、黄。

我通过对自己所藏柴窑的长期研究，认识到柴窑一些特点：瓷器的胎质洁白、细润、致密，是使用经过精细提炼后的单纯的优质瓷石原料制作坯胎。柴窑瓷器采用蜡模工艺制作，有的柴窑瓷器在双耳装饰处两侧胎壁上能隐约见到合模线。柴窑瓷器的釉质釉色是矿物质原料和矿物颜料调剂的多彩单色釉，釉色除了蓝色釉（天青色，较为少见）外还有红色、橙色、黄色、绿色、紫色、白色、黑色等釉色。

　　柴窑瓷器釉中有大开片和小开片两种，釉中含有的大气泡较少，气泡底部呈褐黑色，有明显的成长气泡，还有气泡已经破开呈圆鼓形的缩釉现象，有的气泡显现出塌陷形状，个别瓷器釉面有橘皮纹现象。柴窑瓷器大多为陈设的瓶类器物和祭祀用瓷。柴窑瓷器除了圈足露胎外，其他胎面是满釉。器物为一匣一钵，并不是支钉烧制。柴窑瓷器釉下有蜡油沁迹，偶有釉下蜡的杂质渣粒，釉质清澈呈"明如镜"的感觉。柴窑瓷器的胎釉厚度在1mm左右。胎釉在强光下呈不透明和微透明。我的柴窑器是葵口瓶型。根据后周毁铜器造钱币以及礼仪用瓷的国策，柴窑器应该还有仿青铜器图案的柴窑器形。柴窑瓷器的纹饰装饰工艺，有凹凸的线条、弦纹装饰，暗刻纹饰少。柴窑瓷器有篆体"柴"字款识，"柴"字写在外底面正中的方框位置，柴窑瓷器款识为书写款，它区别于任何朝代瓷器的款识，应该没有无款识的柴窑瓷器。柴窑瓷器大多是民间的传世品，所以器物少有土沁痕迹，上千年来从未在考古中从地下挖掘出土柴窑瓷器。鉴于中国人历来有藏金埋银的习惯，珍贵的柴窑应该会有地下窖藏。说柴窑器"薄如纸"，是指成器后胎釉薄如纸，并非只是"胎"或"釉"薄如纸，器物在手上触到它几乎没感觉到它的重量，如果联想"鸡蛋壳"的厚度，只有蜡模工艺才能达到这样胎釉1mm的厚度，它是任何旋车，拉坯工艺所不能达到的程度。

　　明曹昭说：柴窑"足多麁黄土"，古时"麁"字同"粗"，然而究竟这个"麁"字是指胎质呢？还是指釉色呢？我还在继续研究。如果是指胎质"粗"，那么这种粗是和柴窑的釉相比较而言的"粗"，因为虽然柴窑胎质细腻，但与釉比较还是显得有些粗。

沉石：为什么世上柴窑难以发现，又这么稀少？

李松堂：人们研究的柴窑应该是极品御用礼仪瓷，这种柴窑器难以发现并显得稀少的原因不止一个。

一是烧造量少。烧造极品柴窑器的瓷窑应该不多，再者受生产条件限制，柴窑薄如纸，制作起来费工费时，非常复杂，成品率低，产量太少，加之生产时间只有短短的四五年，总产量也相应太少，当时柴窑就是奇货可居，只有皇室和其他少数人可有。

二是毁坏致少。柴窑不好保存，易损坏，又历经人为毁坏，如"文革"中袁奶奶砸毁瓷器，就要将这件柴窑一并砸了，好在这件柴窑器被我抢救了。"文革"中全国砸毁的瓷器可能更多，没准就有柴窑器被砸毁。千年间不知有多少次人为毁瓷行为，又不知毁坏了多少柴窑。这样，世上本来很少的柴窑器就稀少到宋人"虽近亦少见"了，并且越来越少，逐渐所剩无几了。

三是地下未出土柴窑器实物，没有柴窑器和柴窑窑址作为佐证，人们无法认定柴窑器，这样久而久之，年代日益遥远，柴窑渐渐成为一个谜，目前已知的柴窑就我这一件。

四是人们不认识世上柴窑。周世宗柴荣没明确给出柴窑器的标准，只说了一句"雨过天晴云破处，者般颜色作将来"，至今多数人没搞清楚柴窑瓷究竟是什么颜色？如果是单色，那么有哪些单色？是不是唯有天青色？天青色是否包括天蓝、淡蓝、粉青、灰青、绿色等？人们一般传说是天青色，而天青色的在世精瓷完全符合柴窑条件的太少了，截至目前几乎没有。

柴窑瓷器传世少或许还与历史上改朝换代有关系。新的国君经常销毁前朝遗物，以减少人们对前朝君王的怀念，如明永乐帝登基后，为了使人们忘却建文帝而将洪武三十一年的历史改为洪武三十五年，抹去了建文帝四年的历史。带有"大明建文年制"的官窑瓷器遭到毁坏，致使今天的收藏家能收藏到一件带建文款的瓷器而骄傲不已。当年赵匡胤是否毁过带有柴字款的柴窑呢？可能性不大，但也值得研究。

柴窑尽管难发现且稀少，然而柴窑器毕竟有存，当年一定有王侯将相、豪绅巨贾收藏过柴窑器，今天总能有十件八件留传下来吧。相传明朝权相严嵩父子搜罗到十数件柴窑瓷器，严嵩父子有无柴窑不重要，重要的是表明有条件的人们喜爱柴窑器并争相收藏。

最近受到《成都商报》7天内连续两个消息的启发和鼓舞而产生遐想。2014年5月22日的成都商报说："四川什邡红白镇五桂坪村1组聋哑兄弟王邦田、王邦林在深山采药，一锄头下去，挖出勺子、碗、碟子、罐等50件完整明代青花瓷器。"2014年5月28日，成都商报又说："四川广汉市南兴镇仁寿村村民自留地里挖出24件明代青花瓷"。我想，说不定哪一天，什么地方的什么人也能挖出柴窑器来，但愿这一天早日来到。

沉石：柴窑之谜至今未解，有没有什么深层原因？

李松堂：我以为柴窑之谜至今未解的原因在于大多数人没有见过真正的柴窑实物，无法认定柴窑器。更深一层的原因大概在于世人较大程度上陷入"先入为主"的认知误区。千百年来，人们未辩证地理解后周世宗柴荣的御批："雨过天晴云破处，者般颜色作将来。"简单化地认为柴窑器为"天青色"，人们多年来坚持把"天青色"视为柴窑的基本标准颜色，一直按照天青色寻找，却是劳而无果。

还有人误解"多足粗黄土"，认为柴窑底足无釉。且不说我的柴窑底足有釉，而且底足加了一层黄色的护胎釉，中国西晋时代的通体施釉瓷器也可为证。据《台州文化概论》介绍，以前被人们忽视的浙江台州窑系瓷器"大部分器物施釉不及底，但也有相当数量的器物施满釉。如

临海鲶鱼坑口窑址和安王山窑址中西晋时期的矮圈足碗、盘、洗等器物，通体里外满釉，釉色淡青，晶莹光泽，玻璃感强，清亮透明，似冰如玉。颇与西晋人潘岳《笙赋》中所描绘的'披黄苞以授甘，倾缥瓷以酌露'的瓷特征相符，工艺水平和施釉质量明显优于同时期的越窑和瓯窑的产品。"这说明，西晋时至少存在台州系全釉瓷器，其质量还明显优于声名显赫的越窑。我们知道，西晋与后周时差近七百年，怎么到了五代后周，御用柴窑瓷器都是底足无釉、能看出"足多粗黄土"呢？所以，西晋全釉瓷器700年后的柴窑器不应全是"多足粗黄土"瓷器，我们不必机械地坚持把"多足粗黄土"作为认定柴窑器的基本标准。

人们对柴窑的认知还有矛盾性。一方面，人们认为柴窑器"薄如纸"，"必须有'滋润细媚'的效果。釉面妩媚动人的滋润，是玻璃质感较强的透明釉（不是乳浊釉），故有'明如镜'之称。"另一方面，有些人又认为"一千年前就能做出如此高难度技术水准的陶瓷器，几乎是一件不可思议的事。"陶瓷界不知道有多少这样意识和行为相矛盾的人，这些人既坚持"薄如纸"和"明如镜"的柴窑器鉴别标准，又否认一千多年前能做出来"薄如纸"和"明如镜"的柴窑器，这就无法认定柴窑器了，人们对柴窑器的矛盾认知又导致"不识柴窑真面目"的人们更加迷茫，柴窑之谜更难破解。

关于柴窑能否达到"薄如纸"和"明如镜"的程度，四千多年前的蛋壳黑陶早有证明，到后周时代又经过了三千多年，后周当然能继承祖先们的技术烧造出蛋壳柴窑。面对多地发现的蛋壳陶，我们实在不能怀疑柴窑器的"薄如纸"和"明如镜"，否则永远也找不到柴窑器，如果因为人们的矛盾心理而继续无法认知柴窑器，这将是柴窑文化研究的悲哀。

沉石：请进一步谈谈您这件柴窑的特征以及与史书上记载的柴窑有

哪些异同？

李松堂：我的实物柴窑器颜色是红色，表面光鲜明亮，有蟹爪纹，像蛋壳一样薄，但不知道是不是"声如磬"，因为没有敲击验证过。这与历史上文字柴窑器的特征不太一样，但我仍然认定我的小红瓶是柴窑器。

我认为柴窑被古人理想化了，绝对以文字柴窑器为标准来对比鉴定柴窑器的做法是不科学的。我收藏的这件"柴窑红釉双兽耳弦纹葵口瓶"厚度只有1.29mm，非常薄，当时烧造它的难度可想而知了。口沿破碎处正好观察胎的状态，它的胎土是经过仔细淘过的而且胎土里氧化铝成分的含量较高，质地细密，颜色亮而白。由于年代久远，红颜色的矿物质料在釉药中，布满深色细碎的开片，这种开片极类似于人们描述的汝窑的蟹爪纹开片。开片的裂纹中颜色较深，类似于宋官窑的铁线。瓷器表面零星有气泡凹陷后的痕迹，而且有明显的老化包浆。它高199mm，总重103.5g，瓶身上纵向有六道弦纹。

瓶颈处有横向的16道弦纹，像非洲某部落女人为增加颈的长度，带的金属项圈，舒朗自然，亭亭玉立。此瓶葵口处直径5cm，底部黄釉方框内书写一篆字"柴"。这也是中国历代瓷器中，唯一的以皇帝姓氏作为款识的瓷器。这才是真正的至宝——绝迹千年的柴窑。这就是我和我的朋友们，用几十年上手研究数千件瓷器得到的"眼学"经验做出的结论。如果有条件，我也想将这件"柴窑红釉双兽耳弦纹葵口瓶"送到英国牛津大学，进行热致冷光法的科学检测，作为我们眼学的旁证。我相信，这件葵口瓶的检测认定年代应该在距今900年至1200年吧。

我还有一件宋青瓷贯耳瓶，瓷胎为1.80mm，也是非常薄的（图片可见本书彩图5）。

沉石：柴窑器的"柴"字款识是怎么产生的？

李松堂：后周以前的瓷器款识有很多种，也有人名款识，但鲜见皇帝姓氏款识，柴窑器的款识却是后周皇帝柴荣的姓氏"柴"字，这的确让人寻味。有人认为有可能是柴荣在未称帝前便参与柴窑烧造，创烧出精美的柴窑器，在成就感的驱使下，或在众工匠的赞誉声中，即兴书写了柴字款，称帝后保留了"柴"字款，我以为这种可能性较大，因为柴荣是文治武功才华横溢的性情中人。

还有一种可能，大概是柴荣称帝以后创烧御用柴窑时，柴荣觉得原来自己烧造的柴窑器实在太美了，美得出奇，深为喜爱，或为使御用柴窑器与以往的柴窑器区别开来，或为了体现平民皇帝的平民本色，或为了留作历史纪念，柴荣命工匠在瓷器底部篆写了"柴"字款识。也或者是皇帝为了彰显朝廷简朴节约不用金属器、玉石器而用瓷器，特意要求在瓷器上铭记"柴"字。不管哪种可能，柴字款识的柴窑器诞生了。

后周柴荣是否还允许生产书写了"大周""周"等款识的柴窑器呢，不得而知，由于我的柴窑器上只有"柴"字款识，我不能说一定有，也不能说一定没有，有待以后发掘证明。

到了宋初，尽管有可能短暂续烧柴窑瓷器，但宋初的柴窑器不大可能再铭记"柴"字款识，原因大致有三个：一是时代变了，北宋初期的柴窑已经不是后周御用柴窑，柴周时期可在瓷器上铭记柴字款识，宋朝天下则不能在瓷器上铭记柴字款识；二是北宋初期的柴窑器器形和工艺总要有一些体现新朝、区别于前朝的新变化、新特征，新型宋柴窑器已非旧的后周柴窑器，当然不能铭记老的"柴"字款识；三是"柴"字款识体现柴荣的姓氏，不适合赵姓皇室之用，因为中国封建王朝最忌讳本朝用前朝的名号，赵匡胤接任后周皇帝以后很快改为宋朝的举动就说明其忌讳后周名号，那么他就不会在自己家人使用的瓷器上铭写"柴"字款识。所以我认为，后周柴窑可有"柴"字款识，宋初柴窑器无"柴"字款识，至于世上是否存在无"柴"字的宋初柴窑，有待进一步发掘认定。至于赵匡胤会不会念及与柴荣的交情和兵变夺权的愧疚，从而在瓷器上铭写"柴"字款识，我想可能性不大，因为如果赵匡胤有所念及，他就不会兵变夺权、改朝换代了。当然，这种可能性不可完全排除，也有待以后发掘鉴定。

不管宋初是否继续烧造过柴窑器，以及有无"柴"字款识，可以确定的是，我的柴窑器是后周柴窑烧造无疑。

这里还需要明确，柴窑器的"柴"字款识，并不等于柴荣命名了"柴窑"名称，这是两回事。

沉石：为什么中国历史上唯有柴窑用皇帝的姓氏定为瓷窑的名称？

李松堂：历代古窑多以地方命名，如临汝窑位于河南省临汝县，故称汝窑。也有瓷窑以产品使用对象命名，如宋代"官窑"。还有瓷窑以烧窑者命名，如哥窑、弟窑。柴窑是以后周最高统治者的姓来命名的，它是否合情合理呢？

《中国的陶瓷》一书曾对柴窑名称评价说："以统治者之姓冠于窑，在陶瓷文献记载中，在实际称呼中都乏前例。"这种说法有道理。柴窑到底是怎样命名的，我判断可能不是什么正式命名，后周柴荣当世可能没有命名"柴窑"，后周人们可能也没有称呼"柴窑"，而是宋代及以后陶瓷业界广大人士口头传说。尽管后周烧造的柴窑器上有"柴"字款识，但人们忌讳皇帝姓氏，应该没有直接喊出"柴窑"名称。由于"柴"字款识的瓷器是后周柴荣朝代的瓷窑创烧的，后周很短，北宋承接后周，宋人便把后周统治者柴荣的姓氏冠以窑名，称呼后周瓷窑为柴窑，说得过去，毕竟不是后周时代的人以本朝统治者柴荣的姓称呼当朝

瓷窑。另外,"柴窑"名称与柴窑器的"柴"字款识相符,"柴窑"的说法就从宋代一直流传下来,到了明代,人们把传说中的柴窑用文字记述下来,传承至今。至于宋以后的人们为什么称谓并传说"柴窑",大概是考虑到柴字款识的精美瓷器是获得柴荣御批、柴荣时代烧造、柴荣亲自督造、柴荣皇室御用的缘故。

柴窑的命名,或许还有宋及以后人们纪念柴世宗的感情因素,柴世宗钦定烧制柴窑,柴世宗对国家社稷有贡献,宋朝是建立在后周的基础上,赵匡胤内心感谢结义兄弟柴荣,百姓念及他的好处,所以,称呼后周时期的瓷窑为柴窑,把后周时御用瓷器的特征作为柴窑的特征而传说下来,算是对柴荣的一种纪念。《景德镇陶录》叹曰:"今论窑器者,必曰柴、汝、官、哥、定。"柴荣在后世也确实随柴窑而获得更广泛的认知。

沉石:柴窑到底具有什么样的历史地位?

李松堂:柴窑在后周的历史上地位明显,广义的柴窑在后周经济社会发展中具有以瓷兴国的杠杆支点地位,狭义的御用柴窑具有引领后周瓷业发展的地位。

柴窑在五代十国时期的瓷业发展中具有行业领先地位,成为五代瓷器行业发展的标志。在中国陶瓷史上,五代十国时期的瓷业发展占有特殊地位。唐朝崩溃以后,五代战争不断,社会生产未断,尤其瓷业成就突出,众多瓷窑广泛采用新工艺新技术,使五代十国时期瓷器质量较之唐代有进一步的提高,南方的秘色瓷、北方的柴窑器最为著名。从明代以来的文字记载看,柴窑器是五代十国时期最精良的瓷器,以至于被后世列为宋代六大名窑之冠、中国六大历史名窑之首,而五代时期的众多窑口均无此殊荣。

陶瓷研究成果表明，柴窑在中国陶瓷历史上具有难以逾越的巅峰地位，是中国精美绝伦瓷器的象征。就是今天，当人们（包括顶尖专家）看到自己从未见过的精美瓷器时，都会首先想到可能是柴窑，而不是首先想到五代十国时期的另一名瓷——秘色瓷，也不是首先想到中国其他历史名瓷。因为柴窑质量是神话般的至高无上，无论文字柴窑还是我的实物柴窑，与历代各种名瓷比较起来，柴窑瓷器明显更优于同时代著名的越窑秘色瓷等五代名瓷，明显优于后世的宋元明清等各个时期的名瓷，至于柴窑优于五代以前的陶瓷器就更不用说了。

关于柴窑的历史地位，陶瓷界有怀疑否定声音，我相信随着柴窑研究的深入，这种声音会逐渐消失，因为柴窑的历史在那儿摆着，还有五代的瓷窑在佐证。在这里，我们可以看看早年名不见经传的台州系五代瓷窑。前面已经讲过台州西晋时期的瓷器清亮透明、似冰如玉。

学术界历来认为台州古代无瓷窑，台州早年发现的几处五代至宋的青瓷窑址不被重视，近年来考古发现的古窑址和古窑址群证明，台州古代瓷窑从三千年前的商周时期延续至南宋。五代亦有窑址分布在台州地区，其中代表台州青瓷总体烧造水平的为临海的许市窑址和黄岩的沙埠窑址群。许市窑始烧于唐末五代初，结束于北宋中晚期。它的器物种类丰富多样，胎体轻薄致密，制作规整，特别是以仿金银器风格的盘杯，造型精细别致，玲珑端巧。更值得一提的是釉色清亮、匀净、碧绿，比上林湖北宋越窑的器物釉色"似一泓清漪的春水般湖绿色"，有过之而无不及。窑具装烧类中有凹底匣钵、钵形匣钵，垫烧类中有垫圈、垫饼、垫柱。这些窑具制作精致，不同的规格和多样的形制，是其他窑址不多见的。沙埠窑址群的创烧时间亦在唐末五代至北宋时期。用轮制、手制、模制、透雕和瓷塑等技法，产品大多为套置叠烧，也有覆烧。釉色青中泛黄、淡青、翠青和酱褐釉。器物表里

均施满釉，釉层较厚，玻化强，绝大部分釉层有冰裂纹。色彩滋润光泽，透明如镜。

历史上没有名气的台州瓷窑在西晋乃至五代如此精美，千古流传的瓷帝柴窑自然更是精美绝伦。我们相信柴窑是五代时期烧造的最好的瓷器，是名符其实的宋代六大名窑之冠、中国六大历史名窑之首。

第九章
瓷帝称号的由来

沉石：柴窑是后周瓷器，人们为什么把它列入宋代名窑？又为什么把柴窑列为宋代六大名窑之首？

李松堂：说到柴窑这个问题，如果只是从瓷器烧造年代看，柴窑作为中国宋瓷六大名窑可以质疑，然而这却是一种历史形成的共识。早在明朝，官方编纂的大型图书里就已经把柴窑排在中国宋代六大名窑首位，清代亦有把柴窑作为宋代五大名窑之首。到了现代，由于柴窑至今未发现窑址，公开场合长期无实物，因此人们研究宋代名窑时，通常不提柴窑，而将钧窑列入，与汝、官、哥、定并称为宋代五大名窑，即使这样把柴窑剔除宋代名窑系列，人们仍然认为柴窑是中国历史名窑至尊，这种共识肯定不是无缘无故的。我想，柴窑作为宋代名窑之首有其历史原因。

当时的时代背景是朝代平稳过渡，和平改朝换代，不是翻天覆地的政变。宋朝第一任皇帝是接任后周皇帝后改称宋朝，宋初，柴窑烧造因社会生产的连续性暂时没有中断，柴窑暂时没有断烧的原因可能还有宋朝皇帝曾与柴荣一道经营柴窑瓷器，不管怎样，这时的柴窑自然不具有后周御窑性质，而应算作宋朝的柴窑，生产的柴窑瓷器当然是宋朝瓷器，列入宋瓷理所应当。陆建初在他编著的《古陶瓷识鉴讲义》一书中说："故旧说有后周称帝入宋（指赵匡胤），柴窑并列为宋瓷。"这句话实际上解释了为什么把柴窑列为宋代名窑，原因是赵匡胤先担任后周皇帝，紧接着改国号为宋朝，柴荣时期柴窑以及工匠们并没有因为朝代的变更而发生剧烈的变化。柴窑由后周时代进入宋朝时代，柴窑顺势成为宋窑，烧造的瓷器即为宋瓷。其后，人们为宋瓷排座次，应当是考虑到柴窑瓷器精美，优于宋朝新兴名窑瓷器，于是把柴窑列为宋代名窑之

首，便成为中国陶瓷史上独占鳌头的瓷帝。

沉石：中国宋朝六大名窑还包括哪些宋代瓷窑？

李松堂：总的来说，中国宋代名窑曾有过三种表述。第一种表述是"柴、汝、官、哥、定"，这是世界公认的中国宋代五大名窑，也获得世界其他国家的认同，如日本陶瓷界亦公认和喜爱；第二种表述是"柴、汝、官、哥、钧、定"，这也是大家认同的中国宋代六大名窑；第三种表述是"汝、官、哥、钧、定"，这种表述是近几十年来因无实物柴窑面世而剔除柴窑的权宜表述，未获公认。

现在，公允地看待中国历史名窑，无论从中国陶瓷历史纵向发展看，还是从宋代名窑横向质量比较看，中国宋代应该是六大名窑，由于宋代名窑瓷器在中国陶瓷历史纵向坐标的历史地位，宋代六大名窑亦可称为中国六大历史名窑。在我的藏品中，宋瓷占有不小的比重，还有唐钧瓷，本书收录有一部分。（见本书彩图5至彩图21）

在历史上的六大名窑中，汝、官、钧、定的窑址基本都找到了，只有柴窑、哥窑至今未发现窑址。关于柴窑的窑址众说不一，历代学者有的说柴窑在河南，有的说在江西，至今仍是个谜。六大名窑历来有之，毕竟柴窑薄如纸，当时烧造的数量也不多。对于精美的艺术品，不管哪个民族，哪个朝代人们都是喜爱的。后周与宋朝的接替并没有巨大的社会动乱，肯定有一部分柴窑被人们珍藏起来。尽管柴窑瓷胎太薄不易保存，但柴窑一定会有一些被保护和传承下来。我们有些专家学者未见过柴窑实物。研究考证起来也确有难度。说它有，但没见过，说错了可能还会影响自己的威信，干脆将其砍掉。国内出版的中国陶瓷史等著书中便只剩下汝、官、哥、钧、定，确实有些对中国陶瓷、柴窑瓷器的大不敬。

六大名窑中，汝窑排名第二。北京大学考古文博学院教授、博士生导师、古陶瓷研究专家秦大树先生在《清凉寺窑址发掘资料研读谈汝窑的管理体制》一文里写道："通过对汝窑的发掘，我们可以了解到这些贡御的窑场的一些特点：贡御的窑场并非凭空建造，而是自身已有相当长的发展历史，在工艺技术上已具备了相当实力。清凉寺窑从北宋初年就开始烧造瓷器，北宋前期就生产了珍珠地划花瓷、低温黄绿彩釉瓷（这类瓷多陈设品和供器）、精美的黑釉加彩瓷等当时的高档精品瓷器，青瓷生产的水平也很高，因此，才被官府选作贡窑。"

历史上有记载宋徽宗"弃定用汝"的说法，南宋叶寘在《坦斋笔衡》里这样写道："本朝以定州白瓷有芒不堪用，遂命汝州烧青窑器。"正确地理解应该是汝窑创烧于北宋早期，汝窑在北宋时期烧造的时间长达163年。认为"汝窑创烧于北宋晚期，前后只烧了二十多年"的观点是不正确的。因为宋徽宗是北宋王朝倒数第二位皇帝，在他执政25年后禅位于长子赵恒，但钦宗赵恒在位仅一年零两个月，"靖康之变"时被金人俘虏北去，大宋王朝被迫南迁。宋徽宗是北宋末期的人，按照常理，如果当时汝窑尚未创烧，宋徽宗何以知道汝州在烧造青窑器？汝州尚未烧造青窑器，宋徽宗肯定不可能用过汝州的青窑器，又如何知道汝州青窑器的品质足以超过先皇们所使用的定窑瓷器，而把它选定为宫廷御用瓷器呢？当年河北路、唐州、邓州、耀州都有这种青窑器，而汝窑烧制的青窑质量最好，是第一。所以才有"故河北、唐、邓、耀州悉有之，汝窑为魁"这句话。南宋周煇曾在《清波杂志》中写道："汝窑宫中禁烧，内有玛瑙末为油（釉），唯供御拣退方许出卖，近尤难得。"表述的是当时的汝窑并不像明清时期的官窑，并不是烧造的汝窑全部为宫廷所用。事实是，"唯供御拣退方许出卖，近尤难得"。

所以当时的宋朝烧制汝窑瓷器时并没有汝官窑与官汝窑的区分。由于汝窑的品质在宋朝的年代就非常名贵，它是中国历史上仅次于柴窑的名贵瓷器。

2010年5月12日至13日在深圳召开的"第六届文博会中国汝窑研讨会"上,香港宋瓷雅集会社首席专家、执行理事潘彦伯先生,在其题为《汝窑研究新发现》的演讲中说:"北宋朝廷没有在汝州设置官窑,宝丰清凉寺窑既不是汝官窑,也不是贡窑。"

2008年9月大象出版社出版发行了《宝丰清凉寺汝窑》一书,这是国家社会科学基金项目《宝丰清凉寺汝窑址的发现与研究》(批准号01AKG002)最终结项的专著,该科研项目由河南省文物考古研究所孙新民研究员主持完成。书中通过对宝丰清凉寺汝窑遗址考古发掘的研究、分析,结合古文献的记载,已经否定了"汝官窑""官汝窑"的存在。之后,由全国哲学社会科学规划办公室发布的《宋代汝窑的发现与研究——"宝丰清凉寺汝窑址的发现与研究"成果简介》里,也明确写道:"关于汝窑的性质,有人认为是汝官窑,甚至提出'北宋官窑'之说。该成果认为,通过对窑址出土瓷器与传世品的对比,可以确定宝丰清凉寺窑址就是汝窑址;而且宋至清人文献中均以汝窑名之,大家已经习惯认可,大可不必另起'汝官窑'或'官汝窑'之名。宋人文献:'汝窑宫中禁烧,内有玛瑙末为釉,唯供御拣退方许出卖,近尤难得',这表明汝窑是贡窑性质,在'供御拣退'后还可以出卖,显然不是'宫中自置窑烧造的北宋官窑'。"

汝器釉面一般多有开片,器胎质有厚薄之分,质地均而细腻,呈香灰色,有"香灰胎"之称。常说的蟹爪纹,无纹片的极少,以天青、粉青、卵白为特色,天青为上,有深浅之分,卵白接近于鸭蛋青,釉面大多有玉质感,粉青以青绿为主调的釉色,青中泛绿,大多透亮,有浓淡之别。

汝窑工艺颇为考究,碗、盘、洗等器皿一般多采用满釉支烧,支钉痕细小如芝麻状,俗称"芝麻钉",个别支钉呈不规则的小圆形、橄榄形。支钉以三、五、六枚,支钉一般紧靠足跟,支钉断面呈现白色,是硅、铝、钙化形成的。后仿者极难做到这一点。传世的器形有出戟尊、玉壶春瓶、胆式瓶、尊、三足洗、椭圆形水仙盆、十瓣葵花口碗、撇口碗、葵瓣式盏托及各式盘、碟等。汝瓷有足底刻"甲、乙、丙、丁"等铭。汝窑器大多是北宋末（宋徽宗）定烧的御用品，胎质细，近香灰色，原因是胎泥中含极少铜元素。个别传世的汝器底部刻有"奉华"铭文，是为南宋高宗德寿宫的配殿"奉华堂"烧制的用器。还有底部带"蔡"字的，是为宋徽宗时太师蔡京和其子蔡修（徽宗驸马）专门烧制的私人瓷器。宋汝器多见鱼子纹开片，传世品中也有个别不开片的。台北故宫博物院藏一只天青无片纹水仙盆，是现今存世为数不多可见的无纹片的汝窑器。

汝窑瓷器釉中加有玛瑙粉末。南宋周煇写的《清波杂志》有记载。玛瑙是一种隐晶质石英，属于硅质化学沉积岩，常呈结核状或层状，硬度高。釉料中加入玛瑙，增加了游离态的石英，可以提高液相高温黏度，增加釉的机械强度、硬度、耐磨性和耐化学侵蚀性，其中含有的铁等着色元素，能使釉面莹润，光色多变。

汝窑瓷器釉中加有玛瑙粉末并不神秘。《收藏》2010年第9期《汝窑瓷器的鉴定和鉴赏》中有明确解释："有人将汝窑青瓷釉中加玛瑙粉末一事看得很神秘，其实并不神秘，因为玛瑙的主要成分是二氧化硅（SiO_2），而瓷釉的主要成分也是二氧化硅，故在釉中引入玛瑙这种物质，不会改变釉的性质。这一做法的目的无非是为了显示皇家地位和权力的尊贵，表明制造宫廷用瓷不惜工本。"

汝窑瓷器釉中加玛瑙粉末，还表现了汝窑的窑工们，因地制宜、就地取材，摸索出了一种新的釉药配方。用主要化学成分为二氧化硅的"玛瑙末"入釉，符合现代科学观点，所以不能人为地、想当然地把"玛瑙末"入釉神秘化。

汝器精美，历代均有仿制，唯清代雍乾盛世所仿汝器，略得宋意，

但"香灰胎"这一特征，仿者望尘莫及。宋汝器迎光斜视，个别的微现红色，迄今仿品，很难做到。

从近代考古与汝瓷工艺角度看，汝瓷的烧造时段大致可分为北宋早期、中期、晚期（金代）及元代。早期汝瓷釉色莹润，但少装饰，造型简单，为青瓷特征。中期汝瓷则造型多，重装饰，釉上出现密纹开片。晚期为鼎盛期，掺玛瑙入釉，产品工艺日益精湛，但烧造时限仅仅有二十余年，产量极少，进入南宋已成"近尤难得"之稀物。北宋晚期与金对峙，金人入主中原，汝窑技艺南流，汝器顺势而下，汝窑仅可烧制一般的汝器了。元代起，金、元中原大战，汝窑技艺失传，且受北方游牧生活习俗的影响，此时的汝器，已改成了厚胎青瓷，几乎全部半釉露胎。汝瓷由北宋创烧，发展为宫廷御器，到了元代已近尾声，明代即彻底停烧，历程三百余年，在中华青瓷史上创造了辉煌的一页。

学术界关于"官汝""民汝"有着不同的观点，我认为现在并没有足够的证据否定"官汝"的存在，当时"官搭民烧"的可能性是有的。但是我相信"北宋汝"和"南宋汝"当时一定都曾烧造过，现存故宫博物院和台北故宫的汝窑瓷器，我认为应该是"南宋汝"。历史上记载的玛瑙釉汝窑应该是北宋烧造的。

沉石：如何看待中国宋朝陶瓷业的管理？

李松堂：宋朝是中国陶瓷史上一个非常重要的时期。宋朝沿袭唐朝由地方进贡瓷器的旧制，进贡瓷器的窑场分布在耀州、越州、定州、饶州等地，还有烧造"建盏"的建窑。在抽税法和科率法等苛捐杂税制度的规制下，官府从瓷器买卖者和生产者手中所抽取到的皇宫、官府需要的精品瓷器，约占烧造总数的十分之一。政府根据当时的预算分派地方大量订烧瓷器，命令地方官府烧造瓷器进贡以做皇家用瓷，这样便形成了地方官窑制度。两宋时期先后受命承烧皇家专用瓷器的地方有汝州、耀州、处州、邓州、饶州、平江府、临安府、余姚县、景德镇等，这些地方都有官搭民烧的窑场，如景德镇的湖田窑址出土的一件残器上刻有"迪功郎浮梁县丞臣张昂措置监造"的文字，表明湖田窑在宋代曾生产贡瓷。另外，宋代还设有专门烧造瓷器供御用的窑场，即中央官窑。从考古发现和文献记载中可知，这类中央官窑主要有河南宝丰清凉寺汝窑、北宋汴京官窑、南宋杭州修内司官窑和郊坛下官窑四处。除北宋汴京官窑外，其余三处宋代窑场已具备了后朝（元、明、清时代）御窑的一些特征，其产品专供御用，质量验收严格，略有瑕疵即打碎集中处理等。严格的御瓷烧造环境，造就了质量精良的宋代官窑瓷器，当时创烧出许多新品种，精彩纷呈，宋朝的官窑瓷器声名显赫，显赫到连清朝的乾隆皇帝都对其如醉如痴。清乾隆应该说是公认的中国古陶瓷领域最有名气的大收藏家和大鉴赏家，出于对宋代瓷器的珍爱，他收藏了上千件柴、汝、官、哥、钧、定瓷器，乾隆皇帝的陶瓷收藏和鉴赏成就是历代收藏家、鉴赏家都无法超越的。有一件趣事颇能旁证乾隆皇帝对宋瓷的诚信和最爱：他有感于宋朝定窑瓷器上的诗刻，便在他喜爱的宋瓷上题诗做赋并刻于所爱的宋瓷之上，时常把玩欣赏，足见他对宋瓷是多么的喜爱。只可惜，时光到了20世纪30年代，因日本侵华而北京故宫文物转移，在迁徙中，这些曾经镌刻着乾隆亲手御题的宋官窑瓷器文物大部分遗失，此后，乾隆御藏的遗失部分则下落不明，既不知是否在什么时间、什么地方、什么情况下被损坏遗弃了，也不知是不是因什么不明原因而散落在什么人手中，但不管怎样，乾隆爱宋瓷这一历史事实，更生动地说明精美的宋代官瓷是历史文化瑰宝。

宋代名窑多，是中国陶瓷发展的必然。中国在五千多年前仰韶时期就制造出精美的彩陶、灰陶、红陶，中国创烧陶器的年代应该更久远，是世界上最早创烧陶瓷的国家。到夏商周时期，中国的陶器已美轮美奂。1952年，在郑州二里岗商代早期文化遗址内，出土了"原始青瓷"，

这是人类最早由陶器向瓷器飞跃的重要年代。秦汉至魏晋南北朝时期，中国出现了釉内添加各种矿物质的彩陶。到隋唐五代时期，中国的瓷器已远销世界各地。唐人李肇"内丘白瓷瓯"的认定可将邢白瓷上限推到隋代。邢窑的白瓷是当时世界瓷器制品中的佼佼者，唐人陆羽《茶经》中有"邢瓷类银"和"邢瓷类雪"的描述。描述那时人们生活中饮茶风俗和赞美瓷器制作工艺的诗句有皮日休的《茶瓯》："邢客与越人，皆能造兹器。圆似月魂堕，轻如云魄起。枣花势旋眼，苹沫香沾齿。松下时一看，支公亦如此。"元稹《饮致用神麴酒三十韵》云："七月调神麴，三春酿绿醽。雕镌荆玉盏，烘透内丘瓶。试滴盘心露，疑添案上萤。满尊凝止水，祝地落繁星。翻陋琼液浊，唯闻石髓馨。冰壶通角簟，金镜澈云屏。雪映烟光薄，霜涵霁色冷。蚌珠悬皎晶，桂魄倒瀴溟。昼洒蝉将饮，宵挥鹤误聆。琉璃惊太白，钟乳讶微青。讵敢辞濡首，并怜可鉴形……"

当年的邢白瓷不仅中国人喜爱，阿拉伯人也给过很高的评价。唐大中五年（851年）阿拉伯贸易驼队商人苏林曼（Suleinman）曾经使用过唐代的青白瓷，他是这样描写的："中国人持有白色黏土制作的碗，它像玻璃一样，可以看见里面盛的液体。"到了宋朝，定窑的白瓷品质远远超过了邢白瓷。

沉石：如何看待宋代名窑价值？

李松堂：历来古代艺术品物以稀为贵。比如说玉器一直是中华民族所推崇的，而且玉文化从来没有断代，延续至今。最早作为图腾、偶像、祭天的礼器及佩戴，可以推至距今约八千年的兴隆洼文化，到战汉时期，中国的玉雕艺术空前提高。我们都知道完璧归赵的故事，一块青玉璧能换15个城池，价值连城，它就不是和田白玉而是岫岩青玉。远古社会我们的祖先并没有将矿石分类的文化，不知何为"透闪石"，古人认为美石即玉。

珍贵的古代艺术品承载的是文化的记忆。全世界对古代艺术品价值的界定历来遵循的规律是，当年制作的成本每年递增5%，累计至今，年代越久远的越珍贵。房产的价值是地点，古代艺术品的价值是年代。现在收藏忘记了文化的基本内涵，说什么"最值钱的玉就是和田白玉"，却忘记了白玉是唐以后才开始流行起来的。我们现今的收藏玩家很有意思，他们收藏君子兰、普洱茶、木头、新的和田玉、玛瑙矿石，现在一块和田玉籽料拍卖价格高达上百万。市场上甚至战、汉的精美古玉佩件都比不上一块新玉佩百分之一的价钱。收藏核桃，一对新核桃能炒到几十万元。我们的收藏应该是有文化内涵的，收藏的是那个年代中雕刻和制作的有文化内涵的物品，其中最精美的艺术品应该是承载着古代文化信息的艺术品，那才是最有价值的，才是值得传世的藏品。

收藏需要文化基础，提高我们全民族的收藏文化素质是多么的重要。

宋代名窑毕竟年代久远，制作精美，比起国外画家凡高、毕加索的作品拍出的天价，目前宋代名窑的价格并没有到位，宋代六大名窑应有的价值并没有在市场交易价格上完全体现出来，汝窑、官窑、钧窑等皆如此，柴窑显然应该比宋代其他名窑的价值更珍贵。

沉石：除了柴窑，那么宋代的其他名窑到底谁更有价值呢？

李松堂：这个问题比较复杂。应该说，柴、汝、官、哥、钧、定都是一千多年前的名窑瓷器，它们的价值应该在一个阶梯内。柴窑还没有被拍卖过，上亿元的汝窑我们已经见了很多，其实，我以为现存传世的六大名窑中，可能官窑的存世量比汝窑还少。古代艺术品的价值还是"少则珍贵"。在收藏界，汝窑的名气要比官窑大，也许有一天人们会比较准确地知道各个名窑瓷器存世的多寡。宋官窑瓷器的价值可能会超过

汝窑吧。

下面就说一说非常有价值的中国的官窑：

官窑也是六大名窑之一，历代收藏家又将官窑分为"旧官"和"新官"，南宋顾文荐于《负暄杂录》中写道"宣政间（1111-1125年）自置窑烧造，名曰官窑"。叶寘在《坦斋笔衡》中更具体写道：政和间，京师自置窑烧造，名曰"官窑"。中兴渡江，有邵成章提举后苑，号邵局。袭故京遗制，置窑于修内司，造青器，名内窑。澄泥为范，极其精致。油（釉）色莹澈，为世所珍。后郊坛下别立新窑，比旧窑大不侔矣。官窑器形多为仿商周青铜器，官窑是指朝廷指定的窑场，产品为宫廷用器。宋代的官窑主要是指北宋汴京（开封）官窑，南宋修内司官窑和郊坛下官窑。官窑器胎多呈黑色、深灰或黑褐色，也有灰白、米黄等色。其中米黄釉色是由器物所置窑位的温度较低和还原气氛不够产生的。官窑胎土淘洗精细，胎质细腻，胎有厚薄之分，因胎的含铁量高，故器物口沿釉薄处与足端无釉处分别呈现黄褐色和赭黑色，俗称"紫口铁足"，也有口部施釉的。官窑器釉色以青釉为主，其中以粉青最佳，另有淡青、灰青、青绿、米黄等色，官窑多为香灰胎。釉面一般不太透亮，一部分呈乳浊状，多有开片，称为金丝铁线。从传世产品看，薄胎釉厚，厚胎釉薄，薄胎釉厚多为小件，其釉往往超过胎的厚度，这是多次施釉的结果。郊坛下官窑的器形除日用的碗、盘、洗、碟外，还烧有大、中、小各种尺寸的陈设瓷和祭祀用器。大多仿商周秦汉青铜器和玉器的造型，如贯耳瓶、鬲式炉、盏托、三足尊、出戟尊等。官窑瓷器的圈足总有不规则的感觉。器物足端处无釉，用大于圈足的垫饼垫烧，也有用支钉支烧的，但支钉痕的断面呈灰色，与汝窑支钉的断面不同。由于年代久远，官窑每一件都有极强的玉质感釉面呈现，极为古朴庄重。

沉石：至今我们还未发现哥窑的窑址，您是怎么认识哥窑的？

李松堂：哥窑的产地和烧造的年代，这一问题学术界至今悬而未决。相传宋时有章生二兄弟，皆处州（今浙江省丽水市）人，主龙泉之琉田窑，生二所陶青瓷纯粹如玉，为世所贵，即官窑之类。生一所陶青瓷色淡，器物布满黄色不均匀的开片（比官窑的开片细密，很少见到铁线纹），故名哥窑。从传世的哥窑瓷器看有以下特征：哥窑器的胎色分为两类，一类呈紫黑、铁黑、深灰、浅灰等色，另一类呈土黄色。前一类胎色的器皿有与官窑器相同的"紫口铁足"特征。后一类胎色一般没有紫口，其足端露胎处呈酱褐色。哥窑器的釉色呈失透乳浊状，釉色以灰青为主，也有炒米黄、浅灰青和浅炒米黄色，其中炒米黄的釉层较厚，釉面布满开片，开片有大小之分。灰青、浅青的纹片多呈深黑色，炒米黄、浅炒米黄的纹片多由深黑色大开片与褐黄色小开片交织而成，俗称"金丝铁线"和"文武片"。从传世哥窑的釉面看往往有不易觉察的缩釉现象，釉的下缘不大整齐，器表大多光素无纹。个别器底采用垫饼垫烧，足端无釉，器底留有叠烧时留下的支钉痕，支钉断面露出黑胎。哥窑器形以小件器为多，其中以贯耳瓶、鱼耳炉、五足洗、渣斗式尊和各式盘、碗为典型，造型古朴，制作精细。器物圈足不太规整，器壁看似平整，用手触摸，微有高低不平的感觉，圈足端面较为平整，但不宽。我有时会突然涌出这样的想法，官窑和哥窑是不是同出自一个窑场，只是分别烧造出的两个不同品种而已，是否如此，值得商榷。

沉石：有些人为什么拿钧窑和柴窑进行比较？

李松堂：原来提到宋朝五大名窑为柴、汝、官、哥、定，并没有钧窑，因今人几乎未见过柴窑，又因钧窑"出炉万千"，甚美，故而，人们把钧窑列为宋朝的五大名窑，其实钧窑在唐朝就已经开始烧造了，我就收藏有一件唐朝的钧瓷。钧瓷到宋朝时釉质色泽变化多端，比唐朝五代的钧瓷更为精美。钧瓷在元朝、明朝都有烧造。

钧窑也是六大名窑之一，关于它的窑址，历史文献中说在今河南禹州市神垕镇。20世纪50年代陈万里先生曾去做过实地考察，并发表了《禹州之行》一文。钧窑的窑址应在神垕镇附近的刘家门、杨岭寨及上白峪、下白峪一带。钧窑的釉色千变万化，有天蓝、天青、蓝灰、葱绿、灰绿、黄绿、黑绿以及紫红、月白、丁香紫、玫瑰紫等多种颜色。其特点为釉质肥厚，有"蚯蚓走泥纹"特征。因其名贵，后世便有"家财万贯不如钧瓷一片"的说法。

目前在河南省禹州市境内已发现宋、金时代的钧窑址一百多处，而且向四周扩展至临汝、峡县、新安、鹤壁、安阳、林县、浚县，北至河北的磁县、山西的浑源以及内蒙古的呼和浩特市，形成了一个遍及华北地区的庞大的钧窑体系。钧窑有如下特点：一种为浊釉，称暗釉；一种为亮釉，称玻璃釉。前者为早期产品，后者为后期产品。北宋钧窑的胎土淘洗较细，胎色浅灰，釉汁肥厚，晶莹匀润，以天蓝釉为多见。通过窑变，产生出绚丽多彩的月白、玫瑰紫、茄皮紫、丁香紫等色调，其中红与天蓝釉融为一体的"钧红"，这类器物，外壁施红釉，内里则为天蓝或月白釉。内外都为红釉的制品大多为后世仿品。钧红釉面上往往呈细小颗粒状的黑疵斑点，多有蚯蚓走泥纹和细小棕眼，在器物口沿和边棱凸起釉薄处，呈现米黄色。蚯蚓走泥纹是北宋钧釉的一大特征。金元时期生产的钧瓷已基本不见蚯蚓走泥纹特征。北宋钧窑一般多施满釉，圈足底部刷一层酱褐色釉，俗称芝麻酱釉。这种芝麻酱釉与器身的乳浊状天蓝釉没有啥区别，只因圈足处施釉薄，底部为黄土色，釉下胎色和薄釉交融呈现浅酱色。洗类器三足局部釉厚处仍泛天蓝色，釉层虽薄，但呈色光亮。有铭文的都是北宋后期宫廷用瓷。铭文主要刻一至十的数字，即器底一、三、五、七、九单数的施钧红釉；二、四、六、八、十双数的施天蓝、月白釉。但器底的数字的真正用意是为了标明器物的大小规格，器物越大编号越小，"一"代表器物是最大的。钧窑的铭文一般都是在器物成型素坯时刻上的，然后在铭文上施芝麻酱釉。还有以刻北宋宫廷建筑名的，如"奉华殿""养心殿""重华宫""景阳宫"等，铭文字体的笔画纤细。从钧窑实物看，宋钧与金钧均已达到钧瓷烧制的高峰。今人重宋轻金只是个审美视角问题。金代钧窑的胎质细腻紧密，烧成后多呈浅灰或米黄色。釉面较滋润，玻璃光比北宋要强，红釉不像北宋那样呈通体融为一色的玫瑰红或茄皮紫色，而是在天蓝或月白的釉面上加饰红斑，红斑的边缘不清晰，有逐渐晕散的感觉。器物一般多施满釉，圈足足端处无釉，胎釉交接处不整齐，垂釉很厚，俗称鼻涕釉。底部不再有芝麻釉，而施与器身相同的色釉，不见蚯蚓走泥纹，多有开片。烧造工艺采用大于圈足的垫饼垫烧，在板沿盘上采用三支钉支烧。由于支钉与器物粘连在一起，烧成后多是敲掉的，故支钉痕较大且高低不平。宋钧是从唐朝延续下来的，我的藏品中就有一件唐钧。钧窑的胎、釉属于瓷胎，大多以灰色胎为主，灰中又分浅、深两种，另外又有灰白色、淡黄色，前者（灰色胎）精细固密，叩之呈金属声，此为早期产品。灰白色和淡黄色胎质较粗松，叩听其声近乎瓦，此类多属晚期产品。钧瓷有两种釉，暗釉和亮釉。亮釉钧器釉质较粗糙，釉层薄，开大小纹片，且釉上多棕眼，内少鱼子纹，外部着釉多不到足脚，圈部中心刷圈釉或根本无釉。南宋后至元代，此种钧器较多见。宋钧"窑变"特征是出于釉药中活动性配方，且与窑炉结构关系密切，又有影响钧瓷成品率的，则是所用燃料，窑装之稀密，外在因素寒暑、晴雨、风向，均要窑工们能有应变配合能力。钧窑器釉内的气泡与汝、官的气泡有着明显的差异。

沉石：我听说过"家财万贯不如钧瓷一片"，钧瓷真的这样昂贵吗？

李松堂：我也常听人们这样说。我还听说，现在元青花一个瓷片

卖到上百万。其实我觉得钧窑的古陶瓷器我们见到的并不少，但北宋时期的钧窑传世品数量不多。总体讲，钧窑的存世量在六大名窑中还是比较多的，因为在唐朝时候就烧造出钧窑的瓷器了，除了宋朝，元朝也在继续大量烧制钧瓷，一直延续了近千年。所以说钧瓷的传世瓷器价值并不很高，"家财万贯不如钧瓷一片"的说法可能是专指"宋钧"而言吧。

记得1992年我到南京出差，顺便到夫子庙古董市场转转。在众多地摊上，我顺手拿起了一本新中国建立前出版的"红楼梦考"，翻了翻，突然眼前一亮。在书的中间夹着一张老旧的门票，我仔细看了看，原来是1934年故宫博物院第一次对外展出的门票，连副券都有。看来这本书的主人曾经是南京政府的工作人员，不知什么原因，这张门票被夹在书中了。我把书合上，问："这本书你卖多少钱？""十块钱。"我将书夹在腋下，把钱递给他。现在这张门票我还收藏着。买完书，我走到里院，看到后殿的走廊内堆放着十几个大竹筐，每个竹筐里都是瓷片。我顺手翻看着这些瓷片，哪个年代的都有。远的有东汉、南北朝的青瓷片，还有宋元的瓷片，还有明清带有官窑的纪年款的瓷片。我算了算，每个筐里总有五六百片吧，加起来六七千片是有的。我突然冒出一个想法，我把这些瓷片都运回北京，可以开办一个古瓷片博物馆。我寻找瓷片的主人，问了好几个卖古董的摊主，都说："我们不知道，他有时来，有时好几天不来。"我问旁边一个摊主："他这瓷片是怎么卖的？"摊主说："我听说他要500块钱一筐，你给他三四百块钱可能也会卖给你。"我又在地摊上转了半天，回到这些大筐前，天都快黑了，也没见到主人。"算了吧，哪有时间弄这些破瓷片。"第二天，我就回北京了。

几年后，在北京我参观了刚刚成立的古陶瓷片博物馆，又让我想起了那十几个大竹筐。我想收藏家还是应该收藏完整瓷器的好。对初学者来说，收藏一些瓷片也还有益处，如果作为科学鉴定的标本，这些瓷片还真是非常重要的。

沉石： 定窑传世多，还是钧窑传世多？

李松堂： 我没做过统计，也无法统计出来传世数，不好回答。但在宋朝的六大名窑中，传世品比较多的应该是定窑了，定窑烧造的时间也比较长。

定窑窑址在河北省曲阳县涧磁村及东、西燕山村一带，曲阳在宋代属定州。定窑的白釉略带牙黄色，习称"象牙白"，是因为瓷胎里的氧化铝含量较多，釉面往往有流淌痕，也称"泪痕"。泪痕始见于五代定窑白瓷上。这种泪痕和牙黄色成为宋金定窑的基本特点。泪痕是施釉时往下流淌的痕迹，大多集中在器物的一侧。定窑施釉时坯胎不是晾得很干，所以圈足外常留有手握时指甲的划痕，泪痕一般在指甲痕的相对处。釉层不厚，釉面匀净，故胎壁上的修坯痕清晰可见，胎体修削得精细，故有"竹丝刷纹"，竹丝刷纹一般多见于器物外壁。这是定窑白瓷的又一与众不同的特点。

定窑瓷器的烧造工艺各个时期均有不同的特点。唐、五代一般多用垫饼或沙粒垫烧，一直到北宋中期，改为覆烧。这种新工艺主要用于盘碗类器物。烧时器物需倒扣在垫圈上层层向上叠烧，这种覆烧的缺点是，足底满而口沿无釉，称为"芒口"。为克服芒口缺陷，往往采用镶嵌工艺，用金、银、铜、铁等包装芒口，俗称银扣、金扣。定窑白瓷的装饰特征是唐、五代以素面为主。北宋早期流行画花、浮雕和模印贴花等。中期兴起了印花、刻花，器物内外均有刻花。晚期印花技法达到高峰。定窑器物的底部常有刻铭文的装饰。多见的是"官"字，官字的款识还见有越窑、耀州窑、辽瓷等器皿上。还有"新官""会稽""易定""尚食局""尚药局""食官局正七字""五王府""高位"等。

这些铭文主要表示地名，官府机构和吉祥语等。另有一类铭文是器物进贡后由宫廷玉工后刻的，如"奉华""慈福""聚秀""禁苑""德寿"等。宋早期时原本定窑排序是仅在汝、官之后，宋太平老人所著《袖中锦》一书还曾将定瓷列入"天下第一"项内。因"定器有芒"，皇帝文人褒贬不一，便排到五窑之尾。但现故宫博物院珍藏的形态可掬的孩儿枕已让我们叹为观止了。乾隆帝酷爱收藏，尤其喜爱高古瓷。在他的藏品中有最精美的柴、汝、官、哥、钧、定，感慨之余诗兴大发，曾在这些最珍贵的国宝瓷器上题诗，并命人铭刻下来。在六百多年前的古瓷器上剔刻诗文，真是难为了御工坊的工匠了！我收藏的汝窑、官窑、钧窑三四件都被乾隆刻过诗句。还在阴底子上撒金，工匠们每剔一锤都是战战兢兢的。一锤没剔好或者不小心崩掉了一小块瓷片，不敢说满门抄斩也是罪不可赦了。

我们相信历代传承下来的对古陶瓷的记载，虽然有一些偏颇之词，但中国的六大历史名窑，柴、汝、官、哥、钧、定各窑的存在应是毋庸置疑的。名贵的宋瓷其实大多在民间收藏家手中。当时中国的瓷器像潮水一样流向全世界，美索布达尼亚也发现了许多宋朝的瓷片。宋瓷的藏品决不像某些专家所武断出来的数字那么少。

沉石：李院长，除了您收藏的柴窑外，现今还有其他柴窑存世吗？

李松堂：收藏界有很多客观严谨的大收藏家，一生在类比、钻研、推敲、考证着。在对历史或事实不十分清楚的前提下，是万万不敢下论断的。我们对不知的和知之甚少的领域应该有一个谦卑的心态。关于柴窑，我研究了三十多年，自我感觉对柴窑还有些认知。要不是您的诚心邀约，这本书可能还要拖延几年。原因是我至今还没有发现跟我收藏的柴窑相似的柴窑瓷器，以便作为我收藏的那件柴窑的佐证。除了我的一件柴窑传世双耳瓶，还有日本对中如云先生的"柴窑"外，是否还有其他的收藏家有柴窑我不知道。但我相信现今或将来，后周柴窑的传世品也许还会有一件或几件出现在我们面前。

要了解一件古陶瓷起码应该知道它产生的历史环境和当时的社会文化背景。只有积累了大量的历史知识加上潜心研究和多年收藏的阅历，才能使我们变得更有收藏文化。历史是动态发展的，我们同样应动态地还原历史，绝不可盲人摸象自以为是。对我们不知道的领域，应该多一些可能性的认知。我很反对某些人不负责任地发表议论。对自己不甚了解的领域妄下结论，尤其反对那些拥有话语权的所谓的"权威"随便下结论。

有人言词凿凿著书立说"全世界汝窑只有67件"，说"元青花全世界不会超过300件"，说"元青花萧何月下追韩信传世的只有一件"，还说"中国历史上从来没有过柴窑"，还说"明朝空白期的瓷器，从来没有带官窑款识的"，还有"这件瓷器是孤品"之类的断言……诸如此类的定论比比皆是。世界上喜爱收藏中国瓷器的人太多了，他们的藏品谁一一核实过？就拿汝窑为例，改革开放以来中国和世界各地的大小拍卖公司拍卖过不少汝窑瓷器，再加上馆藏数量，应该不只67件。山外青山楼外楼，深藏不露的收藏家大有人在。在学术领域内，需要有一个允许人们公平阐述自己学术观点的平台。在专家、权威下过的如上结论的影响下，如果哪个收藏家藏有一件汝窑，一般情况下"专家"都会说"这是赝品"。元青花的命运也是一样的，因为权威们说过全世界只有三四百件，而且大部分都在国外的博物馆里，你怎么能有件元青花呢？"一定是赝品"。难道商朝、战、汉、唐宋、明清……的陶瓷故事彻底终结了么？中国几千年的历史，皇帝的赏赐、贸易的交换、八国联军和日本侵华的掠夺，谁能保证有多少我们不知道的中国精美的陶瓷艺术品，或在世界某一座别墅的阁楼上。其实我们应该承认中国历代瓷器，在百姓家中收藏的远远要多于世界上所有博物馆的藏品。不承认它们的存

在，也许是最简单最容易的，但恰恰是最不正确的结论。

现今的我们，没有哪个人生活在宋朝、元朝。现在我们在博物馆里能看到的古代艺术品，也许只是历史上曾经有过的古代艺术品的万分之一。博物馆里的藏品的数量可能只是收藏家藏品的百分之一。马可·波罗在他的游记中写道，元时景德镇三百多座窑场日夜不息，火光冲天。除了景德镇外，元朝还有龙泉窑、磁州窑、耀州窑、定窑、吉州窑等众多窑口在生产瓷器。就景德镇一地，按每座窑每个月生产100件瓷器，当时每月能生产30000件，一年就是360000件。100年生产出多少件，元朝烧制了多少精美的元青花、釉里红、青花加紫、红绿彩、五彩、蓝釉、红釉、孔雀绿、碧蓝釉、孔雀蓝、枢府瓷、白瓷、堆塑……我们并不知道。七八百年过去了，可能连当时生产的百分之一瓷器我们都没见过。早几年新加坡发现了"黑石沉船"，明朝初年中国瓷器贸易仅仅一条沉船就打捞出五万多件瓷器。中国几千年的陶瓷烧造史，曾经烧造的瓷器总有几十亿件。它不像古代艺术品的铁器、青铜器在自然界是能够腐朽的，唯有瓷器不会腐烂且能长久保存。现在世界各国博物馆的瓷器藏品，能保存曾经烧造过瓷器的万分之一就是我们的荣幸。如果有地下的新出土或收藏家手中的藏品是我们没有见过的器形、纹饰的瓷器，绝没有大惊小怪的理由。有史以来从没听说过哪个人，哪个组织对全世界收藏家的藏品进行过全面的调查、考证，况且有多少我们所不知的古瓷还深藏在地下。

举个例子，2005年在拍卖元青花"鬼谷子下山"罐时，在北京巡展，有些人便断言"鬼谷子下山罐是世界孤品，国宝，是全世界唯一的一件"，我就收藏有两件元朝"鬼谷子下山"罐。又有人断言"南京博物馆元青花萧何月下追韩信是世界孤品"，没过几年，在澳门以6.85亿又拍卖出一件元青花"萧何月下追韩信"梅瓶，所以，我不能轻言世上没有其他柴窑存在。

我的柴窑实物证实世上历经千年有柴窑留传下来，我相信世界上传世的柴窑不应该只有我这一件，如果哪位大收藏家也有柴窑或再能得到一件柴窑，那该多好！

"知之为知之，不知为不知"，面对浩瀚的古代瓷器艺术品，最忌讳的就是妄下结论。在时间的长河面前，希望我们多一点谦虚，每个收藏家只是沧海一粟。

第十章

中国名瓷知多少

沉石：除了六大名窑瓷器之外，中国还有哪些名瓷？

李松堂：除了前面讲的柴、汝、官、哥、钧、定六大名窑外，元瓷在中国和世界陶瓷史上占有非常重要的位置，而元青花作为元瓷（元朝所烧制瓷器的统称）的代表，独领风骚，享有盛名，元青花是人类烧造的、世上仍存的最精美的瓷器品种之一。

元青花很名贵，当时是国礼。元朝皇帝将元青花赏赐给欧亚诸侯王，世界各国王宫贵族趋之若鹜。历史曾记载，当年萨克森王不惜用自己的四队彪悍的皇家卫队，包括马匹、甲胄、兵器和训练有素的士兵，向普鲁士国王换取12件中国元青花瓷器，可见元青花当年已价值连城，简直可称为中国的第七大名窑瓷。元青花的成就在后来的明朝得到了传承，明朝瓷器当时成为欧洲社会最珍贵的礼物，西欧皇室和宫廷开始兴起收藏中国瓷器之风，中国陶瓷风靡欧洲，德国卡赛尔（Keisel）郎德博物馆现藏有一件明朝青瓷碗，葡萄牙首都里斯本科特斯陈列馆（Jose Cortes）藏有印着葡萄牙国王曼纽埃尔一世（1469-1521年）纹章的青花瓷壶，正是基于中国古瓷在世界的影响，西方人便将中国称为"China"，中国——China里面就有元青花的辉煌成就。本书收录了部分元青花藏品，供大家观赏研究。（见本书彩图22至彩图42）

明朝瓷器百花齐放，万紫千红，尽态极妍。明洪武二年，朝廷在景德镇设"御窑厂"。其时镇内官窑有58座，民窑达数百座，"昼问白烟掩盖天空，夜则红焰烧天"，形成全国的烧造中心。

明朝276年间最有名的瓷器应该是永乐瓷、宣德瓷、成化瓷。中国陶瓷历史悠久，流传的文物浩如烟海。明、清朝已经好古成风，明早期官窑便有不少摹仿宋代的汝、官、钧瓷器。明人笔记中对此多有记载。

如，沈德符《敝帚轩剩语》、王世贞《觚不觚録》、张应文《清秘藏》、谢肇淛《五杂俎》、田艺蘅《留青日札》等均有描述。明洪武年间因战乱刚刚结束，官窑瓷器并不精致，尤其是青花纹饰所用的钴料，往往都是元朝官窑淘炼剩下的苏麻离青或淘汰的杂质。在瓷器上显示出黑灰的颜色，到建文时期还继续在瓷器上使用元时钴料的渣底。我收藏一件带有"大明建文年制"款识的龙纹青花加紫高杯，纹饰中有明显的洪武钴料特征。后人常称明瓷傻、大、粗。其实不然，到明永乐年代丝绸之路又繁荣起来，陆续从西亚购进了苏麻离青钴料，到永乐时期郑和七下西洋，明朝又恢复了元时的对外瓷器贸易。瓷器贸易恢复了，但明瓷的风格已非元瓷了。（见本书彩图43至彩图51）

成化年间，文弱的成化帝更喜爱国产的平等青钴料。也许到成化年间，西亚的苏麻离青矿开采殆尽，从元至明景泰灵动艳蓝的苏料纹饰瓷器已成为历史，弥足珍贵。永乐、宣德的官窑瓷器在元的基础上又有了发展，制式和纹饰讲究规范。尤其是纹饰一改元时的繁复满绘，变得张弛有序，留白适中，更贴近现代的审美需求。永乐、宣德朝的瓷器应该是中国陶瓷史上的第八名。成化时期瓷器的造型秀奇玲珑，胎体细润晶莹，彩料精选纯正，色调柔和宁静，绘画幽婉淡雅，以其轻盈秀雅的风格独创一朝。素有"明看成化，清看雍正"的美称。孙瀛洲先生是这样描写成化瓷的："成化瓷器，胎质细腻纯白，白釉莹润如脂，彩色柔和，笔法流利，造型轻灵秀美，表里精致如一。"可见成化瓷实在是柔美（见本书彩图52-1、52-2）。

成化帝与万贵妃的故事已家喻户晓，成化官窑有很多精美的瓷器都是专门为万贵妃烧制的。贵妃的专用器小巧玲珑，俗称"成化无大器"。（见本书彩图53）

明朝晚期嘉、万时期也有精品，但已不可与永乐、宣德、成化瓷齐肩了，中国名瓷第九名应该是明"成化瓷"。

沉石：后世的收藏家谈论瓷器时一定要提及永乐、宣德，这有什么特别的原因吗？

李松堂：继元朝之后，明朝的永乐、宣德瓷器赫赫有名，我收藏的永乐的苏麻离青蓝底白龙天球瓶，只有日本美术馆藏有一件，在其他博物馆都没见到。永乐的瓷器苏麻离青纹饰的边缘大多都有渗流现象，到宣德年代这种渗流现象便消失了。这是因为永乐时期苏麻离青钴料没有进行提纯淘炼。各朝代的瓷器都有它的独特性，因为永宣时期使用的也是苏麻离青钴料，永宣瓷器使用的钴料高温下自然流淌，并有四氧化三铁的析出斑，和元朝时使用的钴料同属西亚进口的苏麻离青料。苏料在元时大量使用，到洪武朝因大面积战争的爆发，陆路丝绸之路阻断，所以洪武朝使用的钴料只好用元时钴料淘炼后的渣底，颜色明显灰黑，不亮丽，这也是鉴定洪武瓷器的主要依据。永乐时江山稳固，重启丝绸之路，驼背马驮，大量的苏麻离青运抵景德镇，于是，永宣时期瓷器又恢复了元时青花瓷的浓艳亮丽，这一特殊时期的永宣瓷也因而受到收藏界重视。这时的瓷器鉴定起来也是比较容易的。

还有中国的名瓷中不能不提明朝成化年间的瓷器。今年春天一件成化青花瓷花草纹小碗拍出了1.23亿的天价，我们常说最精美的瓷器用手摸起来的感觉像婴儿的皮肤，成化年间官窑瓷器为浅红胎，表面看不出来，但在灯光下能清晰地看到温润的肉红色，极其美妙，这就是成化瓷。我收藏的几件成化瓷也是我的珍爱。

沉石：明代有名瓷，清代瓷器又如何看待？

李松堂：清朝就属康、雍、乾瓷器最精，清朝的康、雍、乾官窑瓷器应该是中国的第十大名瓷。

康熙时期的瓷器，造型多样，品种丰富。新品种层出不穷，多达百

种以上。此时的瓷器，胎土淘炼得非常精细，质白缜密，坚硬纯净，素有"似玉""糯米汁"之美誉。更兼釉质细润，紧密熔于胎骨之上，浑然一体，有"坚白釉""硬亮青釉""粉白釉"之称。这种胎釉特点，使康熙时的釉上彩、釉下彩及色釉等瓷器，显得灿烂缤纷。图案纹饰上体现的时代特征就更为显著，以青花和五彩为主的绘画工笔细丽，优美典雅。在当时宫廷画派的影响下，景德镇绘瓷大都先以宫廷画师刘泮源等人的设计为蓝本，再由分工严格、技巧熟练的工匠依样绘出，其效果与当时著名画家"四王"（王翚、王时敏、王鉴、王原祁）在纸绢上作画所产生的效果相似。同时，陈老莲、沈周等画家的山水、人物绘画，有较多表现。康熙在位历时61年间，青花器的钴蓝色调变化很大，从鲜亮到灰暗，包括各种浓淡深浅色调，终以青翠明快、色泽浓艳、清新悦目和层次分明的色泽为主线，成为清朝之冠。后期清末曾出现过崇尚康熙青花的风气。康熙时期，景德镇制瓷工匠纯熟地掌握了浙料和珠明料的呈色技艺，同时对胎釉原料精细淘炼和焙制，烧出了被称作"宝石蓝""翠毛蓝"的康熙青花。这是一次新技法的创造，在青花瓷器制作史上写上重要的一笔。当时，仅用一种青花色料，便可以充分描绘出景物的远近疏密、阴阳向背，使画面富有立体感。这种多色阶青花，层次分明，突破了传统平涂的色调，使青花色如同五彩般缤纷多姿，所以康熙青花瓷又有"康熙青花五彩"之称。

康熙初创的粉彩、墨彩、珐琅彩在雍正朝发扬光大，尤其突出的特点是：瓷质莹洁，工艺精细，超凡脱俗，器形隽美。

乾隆时期国力强盛，景德镇官窑场荟萃了当代名师巧匠，成为清代制瓷业的高峰时期，群英荟萃，鬼斧神工，尤其是珐琅彩瓷器溶入了西洋细腻入微的表现手法，增加了画面的立体感。除了传统的仿宋名窑外，品类更加繁复，同时还增加了仿古铜、古玉、戗金、镂银、漆器、匏盏、螺钿、竹木、藤编等特种釉色。如仿战国的古铜彩樽，不仅器形和釉色逼真，而且有金银的工艺效果。模仿生物的象生瓷塑也能惟妙惟肖。雕瓷、镂雕、镂孔、玲珑瓷等工艺极为高超，巧思天成的转心瓶和转颈瓶，体现出工匠们卓越的智慧和丰富的创造力。熔青花、粉彩、色釉、刻印、镂雕与贴塑等不同工艺于一身的多彩釉大器，不惜工本，实为集制瓷艺术之大成的盖世之作。（见本书彩图54至彩图57）

对于清朝的康、雍、乾瓷器，我最喜欢雍正的瓷器，雍正瓷器的器形和画工是历代瓷器中最规整的，官窑各个都中规中矩。乾隆瓷器可能与时代和他的性格有关，总是那么骄奢繁复。中国的名窑瓷器流传在世的可能就数乾隆官窑最多了。我收藏一件为乾隆登基大典时，督窑官精心烧制的一只折枝牡丹纹夜光釉大碗，放置暗处光彩夺目。

记得小时候，我爷爷与朋友们谈论起收藏，总是对乾隆后嘉、道的瓷器不屑一顾。现在的收藏家手中能有一件道光官窑就足以自我陶醉了。

沉石：对中如云先生曾请专家鉴定"青百合花瓶"，为什么有的人士直接就说是明清瓷器，甚至说是清康熙瓷器，而不说是柴窑呢？

李松堂：对中如云先生在求证"青百合花瓶"的过程中，认为该花瓶是明清瓷器或是清康熙瓷器的不止一个人，据《北京晨报》2009年介绍，"国内一位鉴定高手表示，这种'柴窑论'是一种不贴谱的论调。东西肯定是件老东西，但仅限于距今200年至300年，肯定是清代的。""北京某博物院的一位陶瓷鉴定专家表示，它就是一个孔雀绿的康熙花觚。"

专家们不是随便说的。这些人士见过不少历史名瓷，尤其见过不少距离现在较近的明瓷、清瓷，头脑中有不少熟悉的历史名瓷影像，包括清瓷影像，唯独因没有见过柴窑器而没有柴窑器影像。他们在观察"青百合花瓶"的同时，也在与头脑中存储的历史名瓷影像进行同步对比鉴

别，对比鉴别中发现与头脑中的明清瓷有相似之处。他们还知道，康熙十九年恢复景德镇御窑，康熙瓷器胎釉精细，有用精细淘洗的浆泥制成的瓷胎，胎体偏轻，晚期胎体比中期还要轻，雍正瓷器更是胎薄体轻。康熙中期瓷器使用的云南"珠明料"提炼精纯，成色鲜蓝青翠，明净艳丽，清朗不浑，艳而不俗。康熙中期的花觚形体口足外撇，鼓腹，腹上下各凸起一周，二层台底，有的足内不写款，多数是口径大于足径。经过他们拿眼前"青百合花瓶"实物与头脑中清康熙瓷器影像进一步对比鉴定，发现"青百合花瓶"与清康熙瓷器近似几乎相同，所以他们才会说"青百合花瓶"是明清瓷器、是康熙瓷。

这些人士不认为"青百合花瓶"是柴窑的深层原因是认为花瓶薄，更早的后周时代造不出来。某位人士曾说：一千年前就能做出如此高难度技术水准的陶瓷器，几乎是一件不可思议的事。对中如云先生自己说过："说它技术上的难度，主要是它的'薄'，同时还有它复杂的造型，陶瓷器烧制的越薄，难度就越大。这一点外行人也能想得到。这件'青百合花瓶'的厚度只有2mm，相对于一千年前的烧制技术来说，其难度简直是到了异常的程度了。因此，多数专家否定这件陶瓷器是柴窑的说法也是必然的。"这表明对中如云先生对否认"青百合花瓶"是柴窑的人士表示出理解。

这些人士之所以认为更早时候造不出来这样的瓷器，主要是专家们没有见过薄如蛋壳的柴窑真品，不知道一千年前已经烧造出比"青百合花瓶"更薄的柴窑器，也不知道四千多年前祖先烧造出过蛋壳陶。蛋壳陶比柴窑器还早三千多年，山东博物馆收藏一件"蛋壳黑陶杯"，这只陶杯"薄如纸、亮如漆、声如磬、硬如瓷"，是我国古代制陶艺术的巅峰之作，被世界各国考古界誉为"四千年前地球文明最精致之制作"。蛋壳黑陶最早发现于1928年，我国著名考古学家吴金鼎在山东章丘县龙山镇平陵城附近的断崖上，发现了数片漆黑、光亮、薄如蛋壳的陶片，经考证，这些陶片竟是四千五百多年前的先民创造的历史文化遗存。20世纪60年代，山东潍坊姚官庄遗址出土了一批蛋壳陶，陶胎薄是重要特征，最薄部位在盘口部分，薄者0.3mm，个别薄至0.2mm，一般在0.5mm左右。柄部和底座因要承托上部重量，陶胎略有增厚，但常见也不超过1~2mm。

另据海峡导报记者崔晓旭、吴晓平2014年5月18日介绍，当天是国际博物馆日，福建省源古历史博物馆免费开放，展品有一对龙山蛋壳黑陶高足杯，只有80g重，拿在手上，很轻，感觉像拿着一张纸。

如果人们知道四千多年前能用泥烧造出蛋壳陶，即使没见过柴窑真品，专家们也不会认定日本的"青百合花瓶"是明清瓷。

第十一章

独领风骚元青花

沉石：元青花是青花之冠，很有名，这是什么原因？

李松堂：元青花有名的根本原因是其品质精良，因而获得世人的公认。这得益于中古时期世界两大制陶中心中国与伊斯兰世界的合作，元青花融合了两个中心先进的技术、人才、设备、原材料、工艺，得益于中国各地和波斯陶工综合运用伊斯兰釉下蓝彩陶器技术、唐宋青花瓷技术，精心设计，精心制作，把瓷窑当地的胎、釉、烧造工艺和波斯钴料结合发挥到极致，这样的产品自然不同凡响，风行世界。

元青花还具有多元优秀文化价值，焕发出诱人的艺术魅力。元青花蕴含了广大地区各民族多元文化，符合各社会阶层物质生活和精神生活的需求，美观适用，赏心悦目，从而在亚非欧广受欢迎，声名远播。

比如元青花瓷器的形状就体现多民族文化。在西亚、非、欧等国家传世（有出土）的中国元青花大盘、大碗，具有伊斯兰风格，有些元青花大盘子直径四五十厘米，受到当地穆斯林的欢迎。西亚当时使用青花陶器，面对更为高级的青花瓷器，当然愿意升级换代，选用青花瓷器。

再如元青花的画面设计和纹饰丰富多彩，融合了多种优秀历史文化。其中包括中国青铜器图案、历代瓷器传统纹饰图案、丝绸彩缎纹饰图案、金银器花纹图案，还有中亚、西亚等地区多种优秀民族工艺品上的装饰图案等。

元青花还吸收了元代多种艺术门类的美学艺术营养。元代的艺术形式多样，戏曲、小说、绘画、书法、丝织工艺以及金属工艺等，其美妙意境和表现手法均被融进瓷器的美化装饰中，元青花艺术集元代文化艺术之大成。

在多方面优秀文化荟萃的瓷器生产环境中，工匠们创造性地将广

大地域各族各业的纹饰融入元青花,元青花的文化风格和气派,表现了中华民族强大的吸收力和消化力,凝聚和体现了广大地域多民族文化,最终成为多地区、多民族、优秀历史文化的综合载体,成为众多国家人见人爱的精美艺术品,成为众多民族共同的物质文化瑰宝。

沉石:元青花是青花之冠,在中国很少,专家说在全世界仅300件,与当时生产有没有关系?

李松堂:首先说,元青花是青花之冠,在中国和世界存数很少,这是对的。但如何估计元青花的存世量,有些专家认为现在已发现的是"三百多件",而收藏界不少收藏家认为远多于"三百多件",怎么估计元青花的存世量,现在可以肯定地说,就已经发现的元青花,全世界三百多件是不准确的。

2005年在英国拍卖了一件元朝的青花瓷"鬼谷子下山"罐,以2.35亿元人民币成交,被一个英国人买去。当时创造了人类古陶瓷买卖史上拍卖价的最高纪录,可谓石破天惊,突然之间,元青花如雷贯耳。

元朝创烧了前所未有的几十种颜色精美、器形各异的青花瓷器,有的元青花形状硕大。我有一件元青花龙纹瓶,高达1.35m,不知道能不能称为当时的世界之最。另一个特点就是元青花的纹饰,精美的元朝官窑瓷器大多出自宋朝的宫廷画家、文人雅士之手。元朝时,南宋时期的宫廷画家、文人墨客也都成了普通人,这些人失去原来的工作和优越的生活环境,他们总要吃饭养家,于是不少人落户景德镇,一些人还进入了烧造瓷器的官办"画局"。在没有太多约束的宽松的艺术环境里,画家在器形硕大的瓷胎上尽情作画,创造了元瓷的辉煌。当年没有现在发达的影视、报刊等媒体来表达人们的意愿,聪明的南宋画家在景德镇的元青花瓷器上,陆续创作出"鬼谷子下山""萧何月下追韩信""唐太宗""三顾茅庐""蒙恬将军"等作品,这些作品均含有期盼英雄、明君出现的寓意，表达出改变现状的愿望。还有一种思想也反映在元青花纹饰中，如"西厢记""昭君出塞""锦香亭"等纹饰的图案，这些图案反映了不要战争、民族友好的和平愿望。当时这样纹饰的人物瓶和罐因为受到人们的喜爱，烧造的数量是很多的，因为中国历代这类故事太多了，所以元朝创烧了无数人物纹饰的玉壶春瓶、梅瓶、葫芦瓶、高足杯、盘口瓶、蒜口瓶、盘、碗等，几乎元代所有器形都绘制过人物纹饰。

这些各种图案的瓷器被人们摆放在戏台旁，安置在街井茶楼里，和着西河大鼓、河北梆子、山东快书、苏州评弹、越剧、元曲等各种文艺形式，无声地交流着人们的思想文化情感。当年的元青花俨然是中华民族创造出来的一种独特媒介载体。

叶喆民在所著的《中国陶瓷史》中写道：元代在景德镇专设浮梁磁局，负责为宫廷、官府督造瓷器事宜。《元史·百官志·将作院》内记载："浮梁磁局，秩正九品，1278年（至元十五年）立。掌烧造瓷器，并漆造马尾棕藤笠帽等事。大使、副使各一员。"浮梁磁局的设置，对景德镇制瓷业起到了很大的促进作用，在它的统一管理下，工匠们精心烧制出各种瓷器新品种。

从目前传世及出土的元瓷看，元代景德镇除继续生产宋代已有的青白瓷和黑釉瓷器外，还创烧出大量新品种，其中有青花、釉里红、卵白釉、红釉、蓝釉、釉上彩，以及孔雀绿釉等。这些都为明清两代瓷业再度辉煌奠定了坚实的基础。根据考古资料，元代景德镇烧制瓷器的窑场，主要以湖田、落马桥、珠山等处为主，其余如银坑坞、观音阁、曾家弄、塘下、历尧等处也有烧造。从窑场堆积残片看，当时生产量相当巨大。对外瓷器贸易也很繁荣，元代汪大渊著《岛夷志略》中有46个国家或地点要用瓷器进行贸易。所以，现世元青花存量少与元代青花瓷器生产没有关系。

沉石：什么原因造成了现在世界上元青花瓷器稀少？

李松堂：瓷器毕竟容易损坏，中国历代瓷器从数量上看，越是古老朝代的瓷器，留存下来的越少。魏晋南北朝的瓷器保存下来的要比唐朝的少，宋元的要比明清的少。但也有例外，那就是元瓷，元瓷现存的数量远远少于宋瓷。

元青花瓷器少有纪年款识影响识别是一种原因。明初毁瓷造成元瓷只有地下少量埋藏，久而久之，明清两代臣民不知有元青花，近代国人更不知了，因此，明以来几百年间，人们只知永乐、宣德、成化等明代青花瓷，如果发现窖藏元青花，人们往往误以为是明朝烧造的，因为元青花纹饰所用钴料与明青花的钴料都是进口的苏麻离青。现在还有一些专家分不清哪件是元青花，哪件是永宣的瓷器。假如出土的元青花有纪年款，人们会识别出来深入研究、发掘。1986年底，在四川省雅安市文化路发掘出土窖藏青花盖罐瓷器，正是因其有"至正七年置"这五个字，才证明该瓷罐是元朝至正年代青花瓷器，其浓艳鲜丽之色还表明使用了"苏麻离青"料，才获得考古界公认，才确认国内有"至正款元青花"，该瓷罐较英国馆藏的"至正十一年铭"元青花早了4年。

元青花墓葬出土稀少。《东方收藏》杂志2011年5期的《国内馆藏元青花数量及特征考析》一文有统计数据。该文讲到："江西九江市博物馆研究员吴水存对1959年至2005年发表在国内权威刊物上的元青花研究报告进行了统计。""从1959年至2005年的46年间，国内文物机构通过考古发掘和民间征集等方式，共获得并珍藏元青花瓷器156件"。"馆藏元青花来源的数量排序为：窖藏发掘90件，占57.7%；民间征集29件，占18.6%；墓葬出土23件，占14.7%；元代建筑遗址发掘14件，占9%。"该数据表明，地下出土元青花大部分来源于窖藏，而墓葬出土青花较少。

墓葬出土元青花中有的不是蒙古族墓葬出土，如南京博物馆馆藏"萧何月下追韩信"梅瓶，是明朝将军沐英墓出土。

真正的蒙古族元墓遗址发掘中，有的却没有元青花出土。如新华网2011年5月1日新闻——《元朝开国皇帝忽必烈女儿及驸马家族墓地将被规划保护》：1999年9月起，河北省文物研究所会同沽源县文化广播电视局，对俗传的"梳妆楼"元墓遗址进行了两年勘探发掘，考古队在"梳妆楼"及其周围共发现、清理墓葬30座，出土文物两百多件，包括铜钱、铜耳杯、铜钵、金耳环、鎏金铜带钩，还发现了朱梵文咒语及图案。没有说发掘元青花。"梳妆楼"元墓遗址是中国截止2011年发现的唯一一处元代贵族墓葬，尚无元青花出土，可见墓葬元青花出土之少。另据《呼伦贝尔日报》2013年12月31日新闻——《2013蒙古族源与元朝帝陵综合研究项目获重要考古成果》："2013年8月—10月，对位于陈旗呼和诺尔镇东的岗嘎墓地进行发掘，发掘面积145平方米，共清理墓葬6座、灰坑2座。从墓葬出土遗物来看，桦树皮箭囊、马鞍等都具有典型的草原游牧民族的特点。"也没有出土元青花。

历史文献稀少影响元青花发掘而难以增加存世量。自古至今，各类古籍章典中对元代瓷器记述极少，据我了解，仅在明初曹昭著的《格古要论》和清末以来许之衡著的《饮流斋说瓷》、赵汝珍著的《古玩指南》中对"枢府"瓷有极简单的记述。如曹昭的《格古要论》记载："元朝烧小足印花者，内有枢府字者高，新烧大足素者欠润。有青色及五色花者，且俗甚。" 元青花文献稀少较大程度上影响国人对元青花的认知。直至上世纪50年代中后期，我国陶瓷界看到国外学者关于元青花的研究成果以后，才恍然大悟，才开始探索。可以设想，如果有较多史书记载，那么国人也会像研究柴窑一样，克服困难，锲而不舍地持续研究并积极发掘元青花，至少不至于在上世纪50年代中后期才在国外学者的影响下认知元青花。有资料统计：新中国建立后

不到50年仅正式发掘就获156件元青花。假如明朝以来的几百年不断研究、发掘元青花，那么现在的元青花存世量肯定不是时下少得可怜的数字。

虽然现在被证实存世的元青花比较少，但发掘成果也证实地下的元青花数量可观。美的东西谁都喜欢，而且当时家里收藏得起元青花官窑瓷器的，都是自己花钱买来的，谁真正忍心将其完全彻底砸碎呢？应该有许多人悄悄在自家前院后宅，挖个地窖，小心翼翼地把元青花包裹好埋藏起来，或藏在自家隐蔽的地下室，用砖封闭房门，想把这些精美的瓷器保存下来，做这样事情的大有人在。江西高安出土的19件元青花窖藏就是最好的证明。高安的窖藏出土时，政府知道了。全国各地出土了多少窖藏，老百姓并没有完全报告或交给政府的情况一定也存在。还有无数的可能性，如明朝某年天气大旱，一户农民要挖一口井，挖着挖着，镐头碰到一个坚硬的物体，用锹铲去木箱周围的土，打开木箱，多么精美的青花瓷啊！乾隆年间，一户老宅院需要翻修了，主人刨开地下室的墙基，发现老屋下竟然有一个地下室，在堆满稻谷皮的角落里，发现有了几件画着人物纹饰的青花瓷罐……据报道，2014年3月，西安发掘1件罕见元青花，是元代墓葬出土，墓主系关中人张弘毅，原家居安陆，遇兵乱流离关中后被人收养的，至元五年（1339年）六月二十二日卒。这件元青花色泽鲜亮，图案明朗，一圈花纹中心，是人与鹤自然相处。像这种北方出土的元代青花瓷，还带有人物图案的比较少见。展望地下发掘，我相信，随着地下元青花的不断被发掘，社会上元青花的数量肯定会越来越多。

沉石：现在元青花在收藏界和社会上都是热词，它是怎么热起来的？

李松堂：元青花热是在西方学者的影响下逐步兴起的。最先发现有元代青花瓷器的人是英国学者罗伯特·洛克哈特·霍布森（Robert Lockhart Hobson），他于1929年发表了《明以前的青花瓷》论文，介绍英国馆藏带有元至正十一年（公元1351年）纪事款的一对青花瓷瓶，但是没有引起人们的注意和重视。

时间过去二十多年后，两位美国学者辛佐·希尔瑞（Shinzo Shirae）和沃伦·考克斯（Warren E.Cox），以伦敦的至正十一年（1351年）青花象耳瓶为标准器，首次分离出一批元青花瓷器，并于1949年在《远东陶瓷会刊》上发表了《中国最早的青花瓷》论文。文中将分离出来的这批元青花瓷器归为"戴维德瓶风格"。

20世纪50年代，美国学者约翰·亚历山大·波普（John Alexander Pope）最终提出了元青花概念。波普综合研究了土耳其、伊朗、英国收藏的中国瓷器，融会贯通了之前学者的研究成果，运用系统排比分析方法，又分离出一批元青花瓷器，并提出了"14世纪青花类型"概念，即"至正型元青花"概念，波普在1952年出版了《14世纪青花瓷器：伊斯坦布耳托布卡普宫所藏一组中国瓷器》一书，1956年又出版了《阿德比耳寺收藏的中国瓷器》，建立了"至正型元青花"研究理论。

20世纪80年代以后，国内引进波普的元青花研究成果，元青花引起学术界关注，随着波普理论的传播，"至正型元青花"在国内广为流传。自此，元青花瓷器以其独特的艺术风格成为世人关注的热点，元青花研究逐渐热络起来。

我们讨论元青花的兴起，由衷地感谢西方学者们对元青花的贡献，如果不是他们分离出元青花瓷器，提出元代青花瓷概念，把元青花瓷器从含混不清的"明清瓷"概念中分离出来，单立门户，带动促进元青花研究，我们对元青花的认知可能达不到今天的水平。

沉石：我国唐宋已经出现青花瓷器，为什么元青花色彩特别艳丽？

李松堂：元朝瓷器钴料，纹饰有它的独特性，进口的苏麻离青钴料是由多种矿物质组成的富矿。瓷器烧造时温度慢慢升高，从常温、200度、500度、800度，最高达到1300度左右，因为苏料（苏麻离青钴料的简称）中含的矿物质有多种，有的在600度时便溶化了，有的到800度以上才溶化。在不同温度下它们的膨胀系数和表面张力不尽相同，苏料在高温下渗透流淌。到1200度左右苏麻离青钴料中含的铁成分溶化，在还原氛围内形成二氧化三铁，在氧化的氛围内形成四氧化三铁，冷却后渗出的铁斑留在钴料的表面，仔细观察釉面上铁的析出斑有着明显的差异。

元青花的纹饰大多出自宋朝宫廷画家、文人墨客之手，做画时运笔如飞、一气呵成。在高温氧化环境，流淌的苏料使每一件作品都似一幅宣纸上绝妙的中国水墨画。元青花在世界陶瓷史和美术史上书写了绚丽的篇章。

沉石：您创办民间雕刻博物馆以后，为什么还要创办元青花博物馆？

李松堂：我几十年致力于收藏，我喜欢收藏中国古代名贵瓷器和古代玉器，但是随着城市的建设，北京的四合院大部分被拆除了。因为我从小在四合院长大，门墩、柱础、影壁、戗檐砖、雕刻的图腾偶像、民间传说、历史故事曾经给我留下了抹不去的记忆。在北京拆迁最红火的年代里也是我最辛苦的时候，保护它们是我的责任，我每天在胡同里跑来跑去，只要见到精美的砖雕石雕，便把它们一件一件捡回来。三十多年来，我收集了上万件民居雕刻文物。改革开放后，中国准许开设私人博物馆了，"北京松堂斋民间雕刻博物馆"便成了中国第一家以民间建筑雕刻构件为展品的博物馆，它也是全世界从民间捡来的最有价值的民居建筑雕刻博物馆。

我也喜欢古玉和瓷器的收藏。我尤其喜欢收藏元朝的瓷器。除了收藏元青花瓷器，我对元史也非常感兴趣，渐渐地元青花的藏品多了，便又有了一种责任，一个梦想，我一定要在中国成立一家元青花藏品最多、质量最好的元青花博物馆，弘扬中国传统文化，心中的责任和梦想一直鞭策着我。

我坚信，中国烧造的元青花，在中国的传世藏量一定是世界上最多的。元大都在北京，元朝皇家官窑瓷器烧造的形体硕大、纹饰最精的青花瓷器传藏在京的数量一定在中国也最多。抱着这样的信念，我将要举办的中国的元青花博物馆，一定是世界上藏品数量最多，质量最好的博物馆，我一直在为之努力。经过十几年的努力，我终于填补了国家博物馆元瓷的空白。现在我收藏的元青花数量已超过了土耳其、伊朗、大英博物馆的总和，质量是世界博物馆中最好的，品类也是最多的。

沉石：中国很多专家学者自己没有元青花藏品，他们对您的元青花提出质疑怎么办？

李松堂：这是很正常的。因为他们自己没有元青花的收藏标本，他们对元青花的特征就不会了解得非常透彻。元青花瓷器和所有时代的古陶瓷比较起来，是最容易鉴定的。所以，我可以与他们交流元青花鉴定经验一起鉴定，从而消除他们的质疑。

首先，元青花是由独特的麻仓土（景德镇麻仓土矿已枯竭）和高岭土混合而成的二元胎土，所以，通过鉴定胎土可获得他们的认同。

其次，元青花所用的蓝色钴料是从伊朗进口的苏麻离青，伊朗苏麻离青钴料矿现已枯竭，所以，根据苏麻离青高温流淌的自然状态和自然随意的四氧化三铁显现的斑痕，及经过八百多年的热胀冷缩，氧化作用，细菌及微生物的侵蚀，在显微镜下观察苏麻离青痕迹，他们自会亲眼认定我的真品元青花。

再次，元青花的纹饰有的出自宋朝的宫廷画家和丹青高手。这些人元代时为了生计到景德镇浮梁瓷局担任画匠，他们在器形硕大的瓷胎上绘画出栩栩如生的纹饰，纹饰包括中国历代英雄及仙人道士、孔孟贤良、图腾偶像、伦理道德等大量民间故事，今天我们看到的"鬼谷子下山""萧何月下追韩信""唐太宗""野猪林"……其高超的画技和丰富多彩的内涵是历朝瓷器纹饰所望尘莫及的，我的元青花可以帮助其他专家学者了解元青花纹饰技法和内涵，质疑便会消除。

最后，元以前甚至到明永乐、宣德的瓷，经常能发现有缩釉的特征等，当他们实际见证元青花缩釉情况，自有客观公正的看法。

元青花的特征是造假者难以企及的，特别是造假者根本无法获得苏麻离青钴料，因为伊朗产地早已枯竭，没有资源，现代烧造不出使用苏麻离青钴料的青花瓷。所以我说元青花的鉴定应该在学术界没有争议。北京松堂博物馆每年都有关于瓷器鉴定的研讨会，欢迎对元青花感兴趣的专家学者来参加研讨。

沉石：我怎么没在您的博物馆里看到那件"元朝长颈塑雕龙纹荸荠瓶"?

李松堂：我的博物馆十多年前对外开放的展品，主要是民居建筑雕刻，后来又开辟了元青花瓷展馆。由于博物馆的面积有限，我展出的元朝瓷器98件，主要以元青花瓷器为主。我还有很多藏品并没有展示出来，还在我的库房里。根据国家文物局、民政部等七部局联合发布的文物博发〔2010〕11号《关于促进民办博物馆发展的意见》，明确了民办博物馆与公立博物馆同等的法律地位……这样，我深藏在库房里的一些元青花瓷器也可以交流到其他国有博物馆去展出，解决了我的博物馆面积有限而无法展出其他藏品的问题，让人们看到更多的元瓷的品类，以便对元朝的瓷器能有更深一步的了解。

沉石：蓝白色的青花瓷器成为元代主流瓷器品种，有什么特殊原因吗？

李松堂：从根本上说，蓝白相间的元青花瓷器与元代特殊的文化环境有关。元代疆域辽阔，朝廷奉行兼容并蓄民族政策，多民族共处，多元文化交流融合，形成了元青花产生的文化条件，特别是汉族、蒙古族、伊斯兰等民族文化对蓝白颜色有共性认同或相似认同。

蒙古族文化崇蓝尚白。蒙古族文化宣称蒙古民族祖先是天狼，蓝色自古为蒙古族图腾色彩，由此成为蒙古族崇拜的颜色，继而成为蒙古族的象征色。蒙古族文化以白色为高尚、吉祥之色，称春节为白节，古今沿袭，元朝时白节很是隆重。每到白节，大汗和所有臣民都穿白袍，臣民互赠白色礼物，各地这天进贡的白色骏马多达十万匹。蒙古汗国国旗是九斿白蠹，该旗帜被悄悄敬奉数百年。蒙古汗国 1206 年建国时，会议大宫殿的穹隆顶是雪白色，白顶上覆盖着由黄金镶边的天蓝色装饰物，恰到好处地表现出蒙古族文化的蓝白情结。

蒙古族的蓝白情结起源于蒙古民族的"苍狼白鹿"传说。中国文物网 2015 年 7 月 7 日发表的原创文章《苍狼白鹿元青花与蒙古族的故事》，对苍狼白鹿与元青花颜色的因果关系谈得很清楚："'苍狼白鹿'的民族传说决定元青花的颜色好尚。'苍狼白鹿'是蒙古人远古的图腾观念，在远古蛮荒的北方草原，狼对于原始人群来说是非常可怕的野兽，既凶猛又富有灵性，于是人们由恐惧而敬奉，把它们视为自己的亲属和同类，这就是狼图腾崇拜的萌生。而鹿，柔顺而善于奔驰，和美而具有神力，对于常年居住在草原的蒙古人自然对其产生崇拜之情。'苍狼白鹿'逐渐成为蒙古先民的图腾神话，他们相信自己的祖先身上具备蓝色和白色。所以在整个蒙元时代，整个国家尚白、尚青，大量使用白色、蓝色的工艺美术品应运而生，最突出的是元青花瓷器的推广，这也

是元青花成熟的最主要的原因。"

藏民族文化钟情蓝白色，视白色为理想、吉祥、胜利、昌盛的象征，藏民族生活在雪山环境，视白色为图腾色彩，服饰最常用白色调，白色哈达是典型标志。"天祝藏族"皮袄毡帽都是白色。"白马藏族"男女都戴插白色鸡尾羽的白色毡帽，女性胸前饰以白玉般的鱼骨牌。藏民族文化认为蓝色象征天空静穆、深远，推崇"藏蓝"或"藏青"。

满族文化尊崇蓝白色，以白色为洁、贵，象征吉祥如意，如旗装服饰色彩多以淡雅白、蓝紫色为主，常在蓝色、红色等其他颜色的旗装上镶白色的花边。

蓝白色是伊斯兰文化崇敬和钟爱的色彩。世界上每一座清真寺都有蓝色图饰。在元青花之前，伊斯兰地区已经使用氧化钴颜料，烧制成功青花陶器。9世纪（时值中国唐朝），伊拉克生产出加入蓝色的白釉蓝绿彩陶器，是伊斯兰最具特色的陶器之一。12世纪伊朗生产的多彩陶器，已经非常接近中国的瓷器水平。进入14世纪，土耳其生产出白釉多彩陶器、白釉青彩陶器、釉下彩陶器等，其蓝白相间的土耳其伊兹尼克蓝叶纹釉下彩陶盘很漂亮，初见会被疑为中国元青花瓷器。我想，元青花也融汇了伊斯兰蓝白相间的青花陶技术。

汉族文化色彩丰富，不排斥蓝白色调，而且表现在瓷器上。江苏扬州考古证明，唐代的巩县窑开始使用含有钴的蓝釉彩来装饰陶瓷器，烧造成功蓝白相间的青花瓷器，这与伊拉克生产出白釉蓝绿彩陶器的9世纪大致同期。

从文化上完全可以说，汉族文化、蒙古族文化、藏族文化、满族文化、伊斯兰文化都有蓝白情结，只是根源不同。蓝白相间的青花瓷符合这些民族的文化取向，人们本来喜好和习惯蓝白色物品，成熟的元青花自然成为元代瓷器的消费主流。

由于蒙古族文化崇尚蓝白颜色，在瓷器烧造方面，瓷器的装饰色就以蓝白为主流色，宝石蓝和纯正的蓝色得以淋漓尽致地发挥，蓝白相间的青花瓷器逐渐流行起来，并很快驰名中外，出现在亚非欧广大地区，从此，元朝创烧出真正意义上的青花瓷器，成就了中国陶瓷历史上伟大的奇迹，开辟了由素瓷向彩瓷过渡的新时代。

当然元青花的成功烧造，还有市场、商贸和社会需求等其他重要原因。如元政府奉行重工（手工业）重商方略、成吉思汗每次交战不杀工匠、元青花吸收了西亚地区陶器文化等原因。13世纪50年代，蒙古人旭烈兀主政波斯地区的伊尔汗帝国，为多元文化的融合做出了巨大的贡献。他是忽必烈的同父异母兄弟，系托雷之子，成吉思汗之孙。旭烈兀拥护其兄大汗忽必烈和维护大元利益，执行成吉思汗铁木真兼容并包的民族、宗教政策。忽必烈接受藏传佛教萨迦派领袖八思巴所传授的萨迦派喜金刚灌顶，皈依佛门，成为护法金刚。1295年以后，合赞汗的思想和审美更加包容西亚文化。

元朝时，中亚、西亚、东亚等地区连成一片，交通便利，方便了人员、技术、原材料流通，尤其是景德镇可以大量运进苏麻离青钴料，催生元青花快速走向成熟。中世纪欧洲和西亚的玻璃制品已较为成熟，二氧化硅是玻璃釉的主要成分，中国的长石碱釉含的硅酸盐的成分较多，所以没有那么强烈的玻璃质感。据景德镇考古发掘，当地元代官窑民窑并存，有瓷片和伊朗、土耳其的传世品一致。我研究判断，世界各地的元青花精品，有可能是旭烈兀在请示忽必烈后，伊尔汗国和元朝以合作方式，在浮梁磁局专门为黄金家族及伊儿汗室和清真寺制造的用瓷。这批带有明显西亚特征的瓷器，很可能是当时旭烈兀从西亚挑选了一批波斯玻璃工匠到浮梁磁局参与了这批瓷器的制作。这批瓷器随后被运到了西亚。至于这批瓷器是贸易瓷还是赏赐瓷，现有资料证明不了。不管这批次瓷器性质如何，有现在土耳其、伊朗国家博物馆的传世元青花瓷器和景德镇窑址出土的瓷片为证，肯定是精品无疑。瓷器如伊斯兰清真寺外形，上面绘有佛教纹饰，也许这是历史上唯一的一批瓷器，我有一尊带有波斯文化特色的"元青花虫鸟花卉纹波斯瓶"（见本书彩图58）。

对中如云先生的"青百合花瓶"和我的"元碧青釉塑雕龙长颈荸荠瓶"应该属于当时这批瓷器，器釉面带有显著的西亚玻璃制品特征，所以玻璃质感极强，器形和纹饰显示出中华传统陶瓷文化。

沉石：青花瓷器产生于多元文化条件，承载着多元文化，有哪些影响？

李松堂：元朝客观上促进了各民族和各地区的文化交流，多元文化得到了广泛的传播，在这个过程中，作为元代工艺美术代表作品之一的元青花瓷器在一定程度上发挥了文化使者的作用。

瓷器是日用品，又是工艺美术品，作为一种特殊的物质形态和文化载体，对包括各族皇帝、平民在内的所有人来说，既可满足物质生活需求，又可满足精神文化生活需求，的确是当时承载多元文化的合适载体。元青花无声地向人们展示着它所承载的器形、图案、文字、胎釉材料和工艺，记录着它所承载的开矿、冶炼、设计、烧造、运输等一系列相关人员的感情、心血和汗水，述说着它所经历的各地的风土人情。元青花必然要担当起承载这个时期各种文化的历史使命。

回顾元青花历史，元青花出现在多民族融合的元代，特定的历史环境必然使其在承袭中国蒙古族游牧文化和审美情趣的同时，吸收承载了多个民族的文化要素，包括汉族、藏族、回族、高丽（朝鲜族）等民族的文化因素，还有亚、欧民族文化，如波斯文化等。元青花是统治阶层和各族劳动人民智慧的结晶，是所有瓷器烧造人员共同创造的瑰宝。可以说，欧亚广大地域里社会大交流、大融合、大发展的历史造就了体现欧亚多民族文化特点的元青花，元青花对这个时期的人民生活、经济社会起到了有益的促进作用。

第十二章

古陶瓷的鉴定

沉石：如何鉴定古陶瓷的真伪呢？

李松堂：鉴定古陶瓷的真伪，对具有几十年收藏经验的大收藏家来说并不难。因为他们看过太多的古代陶瓷，也看过很多现代的仿品，一般情况下能够做到真假一目了然。但是对于刚进入收藏界的收藏爱好者来说，对古陶瓷鉴定并不是一件简单的事情。鉴定与收藏应该是有一定文化基础的，鉴定者应该知道一些历史、物理、化学、美术、绘画等基础知识，这也是收藏必备的先决条件。我们身边确实有一些没有文化知识储备的人，心血来潮以为买古董就一定能捡漏，就能发财一夜暴富。看看他们收藏的古董真是哭笑不得，花了不少钱，很多却是现代仿品，几乎没有收藏意义。

目前世界公认的古陶瓷鉴定方法，可以分为两种：传统鉴定方法和现代科学鉴定方法。传统鉴定，有时又被称为"眼学鉴定"，即鉴定的人通过手摸、观察、听声音、闻气味、掂重量、看包浆等基本方法，对器物的造型、传统纹饰、胎、釉、款识、重量、声音以及制作、装烧工艺等方面进行仔细观察与分析比较。然后根据自己长期积累的经验，对器物的真伪、年代、窑口、分类和价值做出判断。

现代科学鉴定，是将现代科学技术应用到古陶瓷鉴定领域，采用先进的科学检测仪器，对古陶瓷胎、釉的化学组成、理化性能进行测定和数据分析，然后对器物的真伪、年代和产地做出结论，目前常用的科技鉴定方法主要有热释光测定、微量元素分析、碳十四的年代检测和微痕检测法等，微痕检测法通过高倍显微镜，可以清晰地观察到经过千百年风化腐蚀的高古瓷器，经历多年热胀冷缩破碎的气泡及开片缝隙中细菌微生物侵蚀的痕迹和钴料胎土被噬铁菌咬噬的痕迹，这是现代高仿瓷器

难以复制的。微痕检测法是目前最简单和可操作的方法。可以说用科学检测方法结合眼学方法，对古陶瓷进行鉴定，准确率达百分之百不应存在争议。

关于中国古陶瓷鉴定的未来，多数专家的意见是将传统"眼学鉴定"与现代科学鉴定结合起来，这种意见是正确的。

人们常说的一句话就是鉴定"只可意会，不可言传"，这是一种错误的结论。因为旧时代古董这一行是有行规的，而且竞争又比较激烈。鉴定师积累了一辈子经验，付出了很多时间和劳动，他们不愿将自己的宝贵经验（或者说是他的知识产权）轻易告诉别人。所以还有"传儿不传女"的说法，尤其是古董店的小伙计，老板是不太愿意让他们很快知道鉴定的知识和技巧的，他们怕"教会徒弟饿死师傅"。其实"只可意会，不可言传"只是旧时代人们对个人知识产权迫不得已的一种保护方法。在今天的信息化时代，古陶瓷的鉴定已经是公开的秘密，对古代瓷器的鉴定不但可以意会，而且可以言传。

现在的鉴定师不但要有传统的鉴定经验，还需要增加一个新的本领，那就是研究造假瓷器的发展状况。学习古陶瓷鉴定需要深入市场与赝品打交道，要善于归纳和分析，不仅要熟悉假东西的基本特点和常用作伪方法，还要掌握最新的造假动态。我们常说"熟能生巧"，对假东西有了全面深入的认识，这是一个方面。但前提是应该先熟悉古陶瓷器，然后再去认真研究它们。如果是先学习认识高仿的赝品，就本末倒置了。

收藏，不要急着去买东西，应多到博物馆去看一看，多到有多年收藏经验的收藏家那里去看一看，多上手摸一摸，虚心请教。当你对古代瓷器有了较深刻的印象，再看新瓷器就会一目了然了。你的第一件藏品是非常重要的，如果你收藏了一件古瓷甚至是官窑真品，那你就会天天研究它，看它的器形、纹饰、特征，它会给你留下深刻的印象，这是你收藏的第一步。如果你收藏的第一件藏品是赝品，哪怕是高仿的器物，你也会天天去看，天天去摸，先入为主让你完全否定它们。一些初学古陶瓷收藏的朋友，在书店买上几本带彩图的古陶瓷书籍，然后按图索骥在古玩市场买东西，头脑中毫无真品、赝品的概念，误以为和书本图录上差不多的东西都是真品，你想一想，制作赝品的人他们往往看的书比你要多得多。这样买来的东西没有不上当的。

收藏初期，我们先要了解古陶瓷的基本特征。从鉴定的角度而言，古陶瓷器物一般应具有以下几个方面的特征：器物的时代与窑口特征要真实可靠，即器物的胎、釉、彩、造型、工艺、纹饰、底足、款识、窑疵及艺术风格等基本要素，要符合特定的时代和窑口特征；器物上必定要留下独特的历史痕迹，即经过一定的历史岁月后，在外观和理化性能等方面发生的变化，包括胎釉的老化、使用磨损、开片、伤残，以及在不同保存环境中留下的痕迹，如沁、蚀、垢、黏附物等。这些特征有的是非常具体的，下面具体研究一下瓷器各个部位鉴定的要点：

一、胎土

古陶瓷的胎都会发生老化现象。传世古陶瓷的胎，一般给人以自然的陈旧感，在胎的表面会形成老化层，色泽柔和而自然，有的黏附有淡淡的污垢。出土器物的胎，由于受到地下水和土壤中酸、碱、盐等物质的腐蚀，胎的表面也有老化层，有时还黏附有一些深入胎骨的土垢和水锈。以唐代景德镇瓷胎石英和长石含量为例，它含有 $SiO_2 77.48\%$；$Al_2O_3 16.93\%$；$Fe_2O_3 0.77\%$；$CaO 0.8\%$；$MgO 0.51\%$；$K_2O 2.63\%$；$Na_2O 0.35\%$；$MnO 0.14\%$。瓷器烧成后，在有氧环境中 Fe_2O_3 会变为 Fe_3O_4 也就是我们常说的"火石红"现象。古陶瓷的表面，特别是在露胎部位，一般会黏附一些自然的污垢；若是出土或出水器物，还会留有土沁、水锈、垢、腐蚀痕迹或其他黏附物等物质信息。加上其他的杂质的氧化作用就形成了我们常说的"老胎"。而且不同年代的胎土区别是比

较明显的，远古时代陶器的胎土大多是就地取材的黏土，不同的地域的土质经过加热后反应的色泽各异。如黑陶、黄陶、红陶，宋朝的官窑胎土往往是黑色的，成化瓷器的胎土往往带有肉红色。

以元青花为例，元青花瓷器用的胎土，较前朝有了飞越的进步，工匠们用原有的麻仓土（瓷石）混合新发现的高岭土，增加了胎土的硬度。由于胎土不够致密，瓷胎中留有微小的缝隙和空洞，而且混有细微的杂质。元青花苏麻离青钴料遇高温后流淌，会向瓷胎的无数微小缝隙中流动，渗入胎土，看上去瓷器上的蓝色像是从胎土里溢出来的，就是我们常说的"扒胎入骨"现象。我们了解这种现象以后，鉴定元青花是不是就容易得多了？这种现象还表现在苏料的纹饰中，比如龙纹。元代青花瓷器上，画龙的不少，有的龙身是网状细鳞片，有的是大鳞片，当人用手触摸瓷器上彩龙的纹饰时，感觉就像在触摸精致玉雕龙的龙鳞，凹凸感明显。还有一种表现形式，就是我们常说的"缩釉"现象，由于胎土中留有较大的缝隙，我们称其为"空洞"。瓷器在高温烧造时，空气在空洞中剧烈地膨胀，突破包裹它的釉面所产生的现象。往往在古陶瓷中都有"缩釉"现象，甚至永乐、宣德的官窑我们在瓷器表面也能找到这种缩釉。缩釉现象也是造假者不可复制的，我们用30倍的放大镜就可以清楚地看到，当年炉窑中土与火和空气的剧烈反应——这就是气泡爆炸现象。爆炸后瓷釉崩裂口开裂自然，内腔深浅不一，这是鉴定古陶瓷胎瓷釉最把握的方法。

二、釉面

人们将古陶瓷表面称为"宝光"或"酥光"，古陶瓷的釉光一般柔和而自然，这种光泽往往是"内敛的"，让人看起来感觉比较舒服，有一种玉质感极强，我们称其为"亚光"。这就是因为古陶瓷的釉，由于经历了很长的历史年限，不管是埋藏于地下，还是暴露在空气中，由于腐蚀、氧化或使用磨损等原因，器物的釉面都会出现不同程度的老化现象。由于胎质里面含有釉质表面对水气及其他气相物质的吸附，以及尘粒在釉质表面的黏附都会影响材料的强度。由于瓷器釉面强度低，就很容易产生格里菲斯裂纹。这是一种低能量的断裂。老化的陶瓷藏品主要表现为色变、质变和断裂，它们通常不发生形变现象。例如玻璃的主要成分是 SiO_2，陶瓷中也含有各种硅酸盐或游离的 SiO_2。如果环境中含水或水蒸气，特别是 pH 值大于 8 的碱性溶液，由于毛细现象，进入裂纹尖端与 SiO_2 发生化学反应，引起裂纹进一步扩展。再说得明白一些，就是大家都能理解的热胀冷缩现象。我们想一想夏天温度最高能达到 50 度左右，冬季最低零下 50 度，每年有 100 度的温差，老瓷器不管是民窑还是官窑，我们统称它为"柴窑"。柴窑内湿度较大，烧出的瓷器釉面里星罗棋布地充满了大小不等的空气泡。经过数百年的热胀冷缩，空气泡发生了变化。我把它定义为"成长气泡"，用 30 倍以上的放大镜，我们能清晰地看到，在古老瓷器气泡的下方有不规则的环形痕迹。这种环形气泡的形成与胎的质密度和釉面的薄厚有关。如果瓷胎内有较大空隙，聚焦了较多的气体，气泡可能爆炸形成缩釉。如果瓷胎较细密、釉面较厚，在釉面中的气泡膨胀时就会在气泡的底部扩展一部分空间，当冷缩时空气又回到气泡内，这样循环往复，经过几百年、上千年，古陶瓷气泡周围就会形成一个环形的气圈，这就是"成长气泡"。这也是鉴定古陶瓷的又一个经验诀窍。这也是老瓷器产生"酥光"或者叫"包浆"的原因。另外，传世的古陶瓷表面都留下一些使用过的痕迹，我们称其为"擦拭痕"，这种痕迹自然但不规则地分布在瓷器表面，人工做旧的"擦拭痕"生硬而且有规律。千年以上的六大名窑瓷器表面，还有些釉面上的气泡已经破损，有渗出胎土的现象，有些气泡还有塌陷的现象，这都是经过千年时日形成的。有的古陶瓷的釉面，由于热胀冷缩和自然老化等原因会产生开片现象。古陶瓷的开片，一般形成时间较长，是多次不连续形成的，一般大小分布无规律，有深浅粗细不同的层次

感。大部分开片里有沁色，沁色形成的主要原因是由于空气或瓷器在地下环境接触到的杂质形成的。因为是随着年代慢慢演变的，所以表现得深浅层次各不相同。以宋朝官窑为例，人们将这些开片称为"金丝铁线"。最早形成的开片受污染的时间久远，开片里的杂质颜色较深，称其为"铁线"。较晚形成的开片受污染的程度要轻微一些，在开片中显现的颜色大部分为黄色，俗称为"金丝"。一件古代瓷器随着岁月的伸展，"金丝铁线"也会发生变化。所以我们在观察瓷器的时候，应该用动态的思维来认知它们。

新仿的陶瓷器物，由于大多是电炉烧造，气泡细小均匀，决没有天穹星辰的自然感觉。瓷器出炉，虽经人工擦磨，酸碱咬蚀，生硬的却感觉很明显。我们称为"浮光"，看着比较刺眼，内行人称其"火气很重"，有的又称之为"贼光"。

三、造型与器形

进行古陶瓷鉴定，要求鉴定者对历代古陶瓷的造型特征和变化规律必须准确掌握并烂熟于心，见到相应的器物在第一眼就能确定其大致年代，不仅要熟悉其大致的轮廓特征，而且对局部的细节特征也应有准确把握。总的说来，同一历史时代的器物在造型上具有统一性，这是因为秦汉以来，中国一直延续着中央集权的封建政治制度，全国各地在政治、经济和文化上具有高度统一性，这就决定了同一时期的古陶瓷器物在造型风格上大体一致。当然也应考虑到文化滞后的因素和窑口差别对造型的影响。在通常情况下，处于边远地区的陶瓷生产往往落后于经济和文化都比较发达的地区，在造型上可能会显得比较古朴，与中心地区不同步。这一点，在实际的收藏和鉴定中经常可遇到，一些边远地区和地方小窑的产品，由于使用的成型和装烧技术较原始，从特征上看似乎年代很早，但它们却可能是明清，甚至近代烧制的民间日用器物。同时，中国古陶瓷的窑品众多，不同窑口在装烧和成型工艺上总有一定的差异，因而不同窑口的器物除了符合总体的时代特征外，还有自己的造型特征或特色器形，这一点在判断器物的窑口时尤其具有参考价值。

在对古陶瓷的造型进行鉴定时，根据大收藏家、古陶瓷鉴定家总结的经验，一般是先看总体风格，再看局部变化。不同时代的陶瓷造型都具有一定的总体风格与神韵特点，这种时代风格通常与这一时期的工艺技术、审美倾向和社会生活习俗之间有着密切的联系。一般而言，时代越早，器物的种类越少，器形变化也较小；时代越晚，器物种类越多，器形变化较大。值得说明的是，一定时代器物的总体风格总是通过特定的典型器物来体现的，只有在掌握典型器物的造型特征的基础上才能把握时代的总体风格。在对古陶瓷进行造型鉴定时，除了要看器物造型的整体风韵与比例，同时还要仔细观察器物口、颈、腹、底足的轮廓变化特征。如，北京松堂博物馆收藏的元朝瓷器，纹饰中绘有中国佛教的八宝图案，但造型却是典型的西亚波斯风格。如果不了解元朝的历史，有人会说"那是波斯工匠在景德镇定制的外贸瓷。"事实是，1295年大元帝国在西亚的最高统治者伊儿汗国合赞汗皈依了伊斯兰教，元朝皇帝赏赐给他的皇家赏瓷。所以说，真正的鉴定家起码应该了解当时的历史及文化背景，才能评论那个年代的瓷器。

沉石：中国陶瓷历史悠久，历代陶瓷造型都有哪些风格？

李松堂：商周时期的原始瓷，造型简单古朴，多仿陶器的造型。商代的典型器为原始青瓷尊，西周时期产品种类增多，典型器物有罍、盂、豆等。商周时期原始青瓷的总体装饰风格是朴实无华，器表纹饰多拍印而成。商代原始瓷的成型工艺采用泥条盘筑法，器形多仿青铜器。器表除少数为素面外，多数器物的釉下都拍印有方格纹、篮纹、叶脉纹、锯齿纹、弦纹、席纹和S形纹等，至商代后期又新出现了翼形纹和附加堆纹。西周时期的原始瓷，器表除素面外，釉下纹饰有几何形图

案，有方格纹、篮纹、云雷纹、席纹、叶脉纹、齿状纹、弦纹、S形纹、乳钉纹、圆圈纹和曲折纹等。春秋时期的原始瓷，质量有了很大提高，多数器物采用轮制成型，器形规整，器表和釉下饰纹主要是大方格纹、纺织物纹和各种其他纹饰。

春秋战国时期，器物的总体风格显得刚劲古朴，原始青瓷的造型多模仿青铜器的造型。典型器有匜、盉、錞、钟等。

秦汉的原始瓷，造型古朴浑厚，典型器有仿铜礼器的鼎、盒、壶、钫、钟、瓿等。秦汉原始瓷的装饰，西汉早期比较简朴，一般器物仅装饰有简单的弦纹、水波纹，一般不见繁复的纹样装饰。西汉中、晚期，装饰纹样趋于复杂化，开始采用刻、划和贴塑等装饰方法，常见纹饰有水波纹、卷草纹、云纹、人字纹和弦纹等。东汉时期，原始瓷的装饰比较简单，主要流行纹饰为弦纹和水波纹，甚至有时有盘口壶或双系罐的腹部布满弦纹，通称"弦纹壶"或"弦纹罐"。水波纹主要是划于盘的内底、洗的口部和腹部、壶的颈部和罐的肩部。此外，在罐、盆、壶的腹部普遍贴有铺首。

成熟的瓷器出现于东汉晚期，这一时期的瓷器，从造型到装饰风格都与原始瓷有相似之处。器表的装饰花纹主要有弦纹、水波纹、铺首等。用泥条盘筑成型的罍、瓿等器物。外壁常拍印麻布纹、窗棂纹、网纹等，与印纹硬陶的装饰图案基本相似。

东汉晚期，成熟的青瓷出现，器物造型与原始青瓷还存在一些相似之处，典型器有钵、盆、洗、壶、钟、罍、瓿、罐等。

从魏晋南北朝开始，器物的种类增多，造型复杂，各种造型因时代不同而体现出不同的特征。这一时期的典型器有盘口壶、香熏、鸡首壶、虎子、唾盂、魂瓶、系罐等。西晋器物的造型风格是浑圆矮胖，有的器物模仿动物造型；东晋器物的特征秀骨清像，器身比西晋时瘦长，这种风格从南朝一直延续至隋代。三国两晋南北朝时期，瓷器的主要装饰手法有模印、刻划、堆塑、雕镂、点彩和釉下彩等。主要纹铜牌有铺首纹、联珠纹、网纹、菱形纹、波浪纹，以及朱雀、辟邪、仙佛等纹饰。其中，最具时代特色的纹样是佛教题材的莲花纹和忍冬纹。这一时代陶瓷装饰的重大成就，是出现了釉上点彩和釉下彩绘装饰。

隋代的典型器有高足盘、四系罐、鸡首壶、盘口瓶等。隋代瓷器的装饰技法主要有刻花、划花、印花和贴花等，一件器物上常交替使用多种装饰技法。常见花纹有草叶纹、朵花纹、卷叶纹、几何纹、波浪纹、莲瓣纹、忍冬纹等，其中以模印花纹变化最为丰富，具有鲜明的时代特征。

唐代陶瓷的造型风格是浑圆饱满，这与唐代社会崇尚丰腴之美的时代风尚有关。典型器物有执壶、碗、枕、注子、杯、塔形罐等。唐代陶瓷的装饰丰富多彩，主要装饰技法有划花、印花、刻花、堆、镂雕和彩绘等，装饰题材广泛，包括植物、动物、人物及各种图案。唐代陶瓷注重釉面装饰，青瓷和白瓷都强调以釉色为美，越窑青瓷和邢窑白瓷都以釉色莹润而著称，此外还新出现了花釉、绞胎、三彩和彩绘等著名的陶瓷品种。唐代的彩绘瓷以湖南长沙和四川邛窑为代表，可以分为釉下彩、釉中彩和釉上彩，色彩以褐色、绿色为主，通常是多色并用，彩绘的内容有花鸟、山水、人物、诗文等。唐代彩绘瓷的兴起，在陶瓷装饰发展史上具有重大意义。

五代陶瓷的造型延续晚唐风格，并向优美秀致发展，器物多仿金银器的造型，典型瓷器有瓜棱形的长嘴注子、花瓣形茶碗、茶托和花瓣形盘、碟等。五代后期产生了瓷帝——柴窑。柴窑的器形应该有瓶、洗、生肖造型瓷等，各色单色釉瓷器。

宋代陶瓷的造型风格是修长轻盈、秀丽典雅。典型器有梅瓶、碗、壶、瓶、灯、枕、香炉等。在北宋末期至南宋，一度出现了复古之风，南北各窑如官、哥、汝、定、钧、龙泉等均在宋初不太长的年代里继续

生产柴窑。后来发展出多种造型，如青铜器的觯式瓶、贯耳瓶、鼎式炉、鬲式炉及琮式瓶等仿玉器的造型。宋代的制瓷业空前发展，窑址星罗棋布，各有其地方风格，不仅器形种类繁多，而且装饰技法与纹样丰富多彩。主要装饰技法有刻花、划花、印花、剔花、绘花、窑变及雕镂等，装饰题材以生动活泼的花、鸟、鱼、虫、山水、人物及诗文为主，具有很强的民间生活气息。宋代各大窑口的产品在装饰上常常呈现不同的风格特征。如宋代北方的磁州窑与定窑均以刻花、划花和印花装饰而著名，但在具体风格上不尽相同；钧窑则以窑变釉而独树一帜。南方的越窑以划花装饰为主；景德镇青白瓷多采用划花和印花装饰；龙泉窑在北宋时盛行刻花和篦划装饰，南宋时以釉色为美兼有浮雕和贴塑装饰；吉州窑除白地褐花釉下彩绘外，还有剪纸贴花、木叶纹及玳瑁釉装饰；建窑黑瓷的装饰以兔毫、油滴和鹧鸪斑等最为著名。这些不同的装饰技法和风格，是进行古陶瓷鉴定时判断窑口的重要依据。

元代陶瓷的造型风格是厚重粗犷，典型器物有高足碗、罐、各式瓶（玉壶春瓶、蒜头瓶、盘口瓶、葫芦瓶、象耳瓶等）和各种扁壶（僧帽壶、凤头扁壶、执壶、驿馆提梁壶）及具有波斯风格造型的瓷器等等。元代景德镇窑在制瓷工艺上有了新突破，烧成了青花、釉里红、卵白釉、碧青釉、夜光釉、红釉、蓝釉、红绿彩、五彩、孔雀绿等新的瓷器品种。同时，钧窑、磁州窑、霍窑、龙泉窑和德化窑等主要窑场，仍在继续生产传统品种。元代景德镇窑的装饰以印花和绘画为主。印花装饰除在枢府瓷和青白瓷上大量使用外，在红釉、蓝釉及青花器物上也有使用。青花与釉里红的装饰方法是绘画，青花可分为白地青花和蓝地青花两种，有时两种装饰方法同时在一件器物上使用，有时将青花和釉里红结合起来使用。元代青花、釉里红纹饰的特点突出，虽然层次繁密，却无繁缛之感，有的青花纹饰虽然达到七八层最多有 11 层之多，仍能做到主次协调、层次分明。元代青花的纹饰题材丰富多彩，有蕉叶、缠枝花卉、山石、海水、鱼藻、鸳鸯、龙、凤、麒麟、松竹梅、历史故事、佛道人物等。

明代陶瓷的造型风格是敦厚古朴，有唐宋遗风。明代景德镇瓷业成为全国制瓷中心。在青花、单色釉及彩瓷方面都取得很大成就，有永乐甜白、宣德青花、成化斗彩、弘治黄釉、正德素三彩和孔雀绿、嘉靖万历五彩等名瓷名品。明代陶瓷的装饰以彩绘为主，图案纹样有植物纹、动物纹、回纹、八宝纹、钱纹、璎珞纹、锦地和汉字、梵文及阿拉伯文等。常以一种或几种植物、动物作为主题纹样，同时以其他纹饰作为辅助纹样，构成一幅完整图画。在明代早期的青花瓷器中，常以牡丹、菊、莲（束莲）、灵芝、花果、麒麟、龙凤等作为主题纹样，并以蕉叶、如意云头、缠枝莲、仰莲或覆莲作为辅助纹样。嘉靖、万历两朝，皇帝本人十分迷信道教，因而与道教有关的葫芦、八卦、八仙、云鹤等图案广泛流行。

清代是中国古陶瓷发展的最后一个繁荣时期。清代陶瓷在装饰上比明又有许多创新和提高。清代新出现的装饰品种有粉彩、珐琅彩、胭脂彩、斗彩、墨彩、珐华彩、广彩等彩瓷，以及豇豆红、桃花红、宝石红、茄皮紫、苹果绿、松石绿、鳝鱼黄等单色釉。除单色釉瓷外，清代陶瓷的装饰仍以彩绘图案为主，纹饰题材包括花卉、花鸟、龙凤、动物、山水、人物故事、书法文字等。花卉图案以康熙五彩和雍正粉彩最为突出，常见纹饰有月季、蔷薇、梅花、绣球、玉兰、海棠、葡萄、桃蝠、竹石等，形态逼真动人。山水图案以康熙民窑青花和五彩瓷器以及雍正青花、粉彩瓷器为多。在画风上，康熙青花和五彩的山水画，习惯用"人斧劈皴"的画法，山石呈劈开的片状；雍正时期则改用"披麻皴"的画法。乾隆时期山水题材的装饰逐渐减少，常将园林建筑与山水风光相结合。人物故事以康熙、雍正时期的民窑青花、五彩、粉彩为多。康熙时期的人物画内容除了婴戏图、八仙祝寿、四妃十六子等外，戏曲故事画特别盛行，如《西厢记》《水浒传》《三国演义》《岳飞传》

《萧何月下追韩信》《钱塘梦》等。雍正时期，宣扬封建伦理内容和渔樵耕读的主题较多。乾隆时，人物故事的装饰题材逐渐减少。

清代陶瓷的装饰，无论是官窑还是民窑，都喜欢以寓意或谐音来象征吉祥如意或表达美好愿望。如牡丹——富贵，桃子——寿，石榴——多子，松鹤——长寿，鸳鸯——成双，鹊——喜庆，鹿——官运，蝙蝠——福，游鱼——富足有余等。

同一器类在不同的时代往往会呈现不同的造型特征，其中具有一定的演变规律。清晰地掌握碗、盘、罐、壶、瓶等常见器物在不同时代的演变特征，这是对古陶瓷器物进行准确断代的基本要求。例如，鸡首壶最早出现于三国时期吴国晚期，流行于西晋、东晋、南北朝时期，直至隋代仍在烧制。但器物的造型因时代不同而发生变化，突出表现在鸡首的开关大小，壶身的高矮和壶柄上。

三国时期吴和西晋时期的鸡首壶，形似小盘口壶，壶身较矮，肩部一面贴一实心的小鸡首，鸡首无实用性，只是一种装饰，另一面贴条象征性的鸡尾。

东晋时期的鸡首壶，不仅壶身变大变高，且鸡首也升高，鸡首上有冠下有颈，鸡首中空，成为有实用功能的壶嘴。与鸡首相对的另一端，安装自肩到壶口的把手，上端饰鸡尾，有的作龙首，鸡首和把手柄侧有的为条形耳，有的为桥形耳。

南朝时期的鸡首壶，器体变大，壶身修长，鸡冠高耸，器身多以划花覆莲瓣纹作装饰。

隋代的鸡首壶，壶身修长丰满，盘口较高，腹部近底处收敛。肩部一侧饰鸡首昂首挺拔，另一侧安龙首柄。就鸡首壶的造型演变而变，如不熟悉其在各个时期的造型特征，就很难准确断代，最多只能笼统断为南北朝时期。又如唐代的碗，在唐代时期为平底、深腹、直口，保留有较多的隋碗造型。唐代中期开始出现浅腹、敞口外撇、玉璧底足的碗。

北方白瓷的碗盏类器物的口沿大多外卷成唇状。晚唐以后，碗的胎壁逐渐变薄，从玉璧底向宽圈足发展，形似玉环。晚唐五代，碗的胎质更薄，圈足加高且外撇，足壁变薄。如不熟悉其造型演变规律，顶多只能大致定为唐代，而不能具体分出早、中、晚。

在进行古陶瓷鉴定时，器物的造型也是鉴别真伪的主要依据之一。那些不符合时代特征和造型规律的东西，在鉴定时需要特别谨慎，实践证明它们大多都属于伪造品。但也不能一概而论，确实有些古陶瓷的独特品种是我们没有见过的。目前古玩市场中的现代仿品，大多都是仿制各代名瓷和典型器物，它们在造型上虽然与真品相似，然而仿品的造型总体上显得比较拘谨呆板，在整体神韵上与真品相差甚远。同时仿品在器物的分段位置、拼黏方法及底足处理方面也不可能做到与真品完全一致，只要通过仔细观察即可找出疑点和破绽，有的粗制滥造的仿品甚至连"依葫芦画瓢"都没有做到，整体看来造型别扭、比例失调；更为拙劣的当数各种凭空捏造的新奇造型，这些造型在历史上根本就没有出现过，称之为臆造品；还有的仿制品，在造型上同时出现了几个不同时代的造型特征，或造型与纹饰、装饰工艺及款识等体现出的时代特征相矛盾。由此可见，只要熟悉和掌握了不同时期器物造型的特征，对于鉴定器物的真伪是很有帮助的。

值得说明的是，现代有的高仿品，在有真品做样品的情况下，有时在造型上几乎可以做到乱真的程度，这时从造型上来鉴定，除了看其造型神韵外，还特别需要利用其他古陶瓷鉴定的标准，如胎、釉、纹饰、款识等进行综合分析，方可做到准确可靠。

古陶瓷的造型生动，纹饰布局合理，线条自然流畅，款识书法功底深厚，尤其是官窑。这是因为古陶瓷的生产是由许多工匠分工合作完成的，工匠们长年累月地重复固定的几道工序，对于成型、制作纹饰和款识能达到熟能生巧。换句话说，各朝代创烧了各种新器形，这种新器形

一定符合当朝的审美观点。宋朝也有类似对中如云先生的"青百合花瓶"这样花觚的造型，它们略显短粗笨拙，虽然也充满古色但宋的痕迹明显。到元朝这件"碧青釉花觚"造型则亭亭玉立，这就是中国古陶瓷器形向美的方向发展例证。鉴别古陶瓷特别是官窑器，它的器形特点一定要"美"！我们把玩、端详一件古陶瓷万万不能忘记这一点。左看右看它一定是那么舒服，那么美。因为古代工匠在制作它们的时候充满了敬畏，一丝不苟。

而新仿古陶瓷，急功近利，在造型、纹饰和款识等方面都是刻意模仿，因而不免显得呆板、生硬，仿其形尚可，只能做到形似，绝做不出古陶瓷官窑器的神韵来。

四、纹饰和装饰

器物装饰在古陶瓷鉴定中具有十分重要的作用，是古陶瓷断代、辨伪及鉴定窑口的重要依据。一般来说，器物的装饰主要包括了装饰方法、绘画方法、色彩颜料、纹样图案等方面的内容。

古陶瓷器物的装饰，特别是器物的装饰方法和纹样图案，是一定历史时期社会审美观念的直接体现，具有强烈的时代特征，它们会随着社会风尚变化而不断演变。为了较好地通过纹饰和装饰来鉴定古陶瓷，我们需要像掌握陶瓷器物造型的发展规律、特点那样，总结出陶瓷纹饰和装饰演变的规律，作为对陶瓷器分期断代、真伪鉴定的依据。

对于元明清时期的青花瓷而言，青料和画法也是断代的重要依据之一。由于各个时期使用的青料不同，以及绘画方法的改变，各个时期的青花瓷器在装饰风格上常体现出不同的时代特征。

中国古陶瓷的装饰题材丰富多彩，同一题材的纹饰往往会延续使用多个历史时期，但它们在具体的形态特征、花纹组合和装饰风格上代表不同的时代，前后之间存在一定的演变关系。特别是元、明、清、瓷器中的一些常见纹饰，如龙纹、朵云纹、莲瓣纹、缠枝花、回纹、如意头纹、蕉叶纹等，其早晚演变规律更为突出，时代特征明显。熟悉这些常见纹饰的早晚演变规律，不仅可以准确判断器物的年代，而且对于辨别器物的真伪也有很大的帮助。

从器物的装饰花纹鉴定真伪，主要是看纹饰是否自然流畅，以及内容风格是否符合时代特征。鉴定的基础在于熟悉和掌握不同时期古陶瓷的纹饰特征，以及各种纹饰图案的具体特点。仿制水平一般的现代新仿品的花纹图案，基本都是按照图录上的花纹进行临摹的，因而在绘画或刻画花纹时小心拘谨，线条或笔墨大多无流畅感，整体画面显得生硬死板，在布局、构图方面大多处理得不合理。古代的陶瓷生产，是分工合作完成，从事装饰绘画的工匠长年累月制作固定的几种纹饰，因而技法熟练，下笔如有神，因而真品的花纹装饰一般都是流畅自然的，而仿品的花纹一般笔法生疏，笔触、线条含混不清。这一点与书画鉴定的原理大致相似，作伪者虽能仿出大致的形，但要做到形神兼备却不太容易。

此外器物的装饰风格与内容必须符合相应的时代特征，必须与造型、款识或胎、釉等其他特征表现出的年代相符，如果出现了自相矛盾的情况，这样的器物就值得怀疑。目前市场中有一类粗制滥造的仿品，上面的装饰内容随意草率，甚至乱涂乱画，毫无美感可言，一看就知道是臆造品。其他多数仿品，其花纹装饰大多显得拘谨呆板，仔细辨别，真假不难断定。但也有部分精致的仿品，仿制者本身具有相当的美术绘画功底，并对真品的纹饰进行了深入研究和长期练习，因而新仿品的花纹图案有时几乎能够达到乱真的水平。在这种情况下，除非鉴定者对真品的纹饰细节了如指掌，否则仅从纹饰鉴定其真伪就有相当的难度。对于此类器物的鉴定，必须结合造型、胎、釉、底足等其他方面的特征综合考察，方可得出正确结论。

其实对大收藏家来说，"眼学"经验完全可以鉴别出真伪。说实话，现代的高仿瓷器放在古陶瓷面前，连三成沧桑神韵都达不到。因为

在大收藏家面前，对古代陶瓷艺术品，就像我们在熙熙攘攘的人群中一眼就能分辨出男女一样。我经常在处理完纷杂的事务后，会将一件精美的古陶器放到桌前，静静地审视它，那些不惜工本的瓷器注入了工匠们的智慧和对美的感悟升华出的灵魂。让我陶醉其中，得到了净化和安宁。一件现代仿品是万万得不到这样的感悟和享受的。但是，从心里讲，我也特别期盼能有一台物美价廉、易于操作，并能客观准确鉴定陶瓷真伪的仪器。能帮助更多的古陶瓷爱好者少走弯路，但再好的仪器，如果使用者不够诚信，鉴定的结果就很难把握了。

沉石：您对科技鉴定的方法有什么看法？

李松堂：科技鉴定方法主要有热释光测定、微量元素分析等。说到这里，我想起了一件事，前年北京电视台给我拍一集纪录片"收藏家李松堂"，时长53分钟，需要大量的拍摄内容。在镜头面前，我一件件地在讲解元青花、明瓷的鉴定要点。编导突然问我："你的瓷器能不能做一个科学鉴定？"我说："当然可以。"然后他就联系了中科院高能物理研究所的一位博导老师，他们运用核技术对外进行古瓷器"DNA"检测鉴定。第二天，我们拿了一件元青花外销瓷玉壶春小瓶到老师那里。北京台的记者还要对这位老师进行采访，采访前编导从书包里拿出了那件元青花玉壶春小瓶说："老师，这是我的一个朋友收藏的，你能帮着鉴定一下吗？"老师把瓶子拿在手中，看了半天，然后说："我看，这件小瓶不对，是高仿的赝品。"但是，为了给编导一个面子，他还是将这只小瓶交给外间，他的三个博士生学员。在小瓶有纹饰的地方指定了四个点位，让学员们去做一个检测，然后他就把门关上了，接受记者的采访。我看着学员们按照老师的指点把小瓶放在测试柜内。慢慢地屏幕上便显示出苏麻离青钴料的化学成分，我看见水平线上，有好多垂直的线条。有三条比较长的线段，我走近显示屏看到第一条长长的线显示的物质是铁，第二条长线是锰，比锰还要短一些的是砷。我看了以后，心里暗暗地笑了。等把小瓶拿出来放到盒子里，我便和学员们聊起天来。我说："你们老师说这件不是元青花，是因为你们的标本数据里面，都是所谓至正型官窑元青花的标本。但这件小瓶是贸易瓷。为了获得利润，贸易瓷器形比较小，能批量生产，而且为了降低成本，它们的钴料是进口的苏麻离青和国产的钴料混合在一起使用。再者，因为国产钴料是不含砷的，刚才我们检测这个小瓶的钴料里面有砷的成分。再看它们的纹饰和器形具备元青花瓷的特征，而且玉壶春小瓶底部有工匠们刷釉时留下的指痕，瓶底露胎处老化的火石痕迹清晰，釉面的包浆自然，瓷器表面有两处缩釉现象，它应该是元朝的青花瓷器。"我又讲了一些鉴定元青花的要领，我感觉他们是听进去了。等记者采访完老师，老师跟我们握了握手，客气地跟我们说"再见"。这时候已经快中午12点了，我们收拾好物品便下楼离去。当我们的汽车正要开动的时候，突然老师跑下楼来，对我们特别客气地说："别走，别走，我请你们吃了饭再走。"我想，一定是我刚才跟他们学员讲的话起作用了。

博物馆、收藏家，他们藏有的古代传世的陶瓷艺术品，只是历史长河中的一滴水。历朝历代曾经烧造过的精美的瓷器，我们没有见过的何止千万。但是只要抱着一颗平常心承认曾经发生过，面对我们不知道的无数可能性，多问几个为什么，就能开拓我们收藏的眼界。比如，书上说元瓷没有"款"，我有一件元阴刻龙纹白釉玉壶春瓶，在颈部书写"徽洲路祈山县张氏裔孙名文进同妻携子女喜舍磁瓶一对祈保张氏祖祠宗风永存合家清吉于女平安祖祠博陵弟堂前打供至正八秋月古旦"。博陵弟是张家祠堂，张家窑数代传承烧窑技艺，首屈一指。为浮梁磁局指派官窑瓷厂，现元瓷传世品有"博陵弟"和"古相博陵弟"款的瓷器都是上品之作。但是近百年，几千个窑厂，几万个工匠，可能会有一个画匠跟着师傅学习了多年，自我感觉画工已非常了得，为了注明此件瓷器

是他的作品，特意在某个部位写下了"至元十八年"或"至正十一年"款，当时虽然督窑官没有要求每一件瓷器一定要注明某年生产。但这种可能性是会有的，它便成了那个年代为数不多的有记年款的瓷器。若干年后便成了收藏界的珍品。

鉴定古瓷器的"眼学"经验告诉我们一看窑口；二看年代；三看器形；四看胎土；五看釉面；六看纹饰；七上手掂重量；八敲击听声音……这些经验是多少年历代收藏家总结出来的，上面讲了胎土、釉面、造型、装饰和纹饰。具体看一件瓷器，笼统地说是看釉面，也就是说看它的年化、风化。包浆的自然程度与当年柴窑瓷胎烧造时的湿度即釉面所能观察到的气泡状态有关。说到纹饰，历代瓷器都有其独特的风格比如宋瓷单色釉较多，如人物头大、脸大多是圆形，衣服宽大。元时人物脸形大但比例适中，主题画风以中国水墨画为主。明成化时期瓷器人物头大、圆，多为线描。清时人物头较小，以工笔画为主。上手掂重量是指你必须过手无数的瓷器才能总结出来经验，你见得多了自然就得心应手。听声音指的是大盘大碗大缸的声音，像梅瓶这样小口的就不能听声音，这是比较有规律的。一件新瓷器刚从炉窑内烧出，它的内部结构排列无序，敲击听到的声音是清脆的"当当"声。经过几百年热胀冷缩、风化后的瓷器，内部水分含量极低，结构变得排列有序，敲击听到的声音清脆而有共鸣的回音，声音持续时间较长。这些都是鉴定瓷器的经验之谈。

第十三章

半个世纪柴窑情

沉石： 李院长，您收藏柴窑近半个世纪了，请谈一谈您的感受。

李松堂： 从我在袁奶奶家拿到柴窑算起，收藏柴窑近半个世纪了，这期间，我对柴窑从无知到认知，又从认知到熟知，再到产生感情，到后来，我已经不是一般意义上收藏柴窑了，而是用满腔的爱心和敬畏心来珍藏我的至宝，可以说，我是把柴窑当成宝贝珍藏了半个世纪。

几十年来，我唯恐自己的珍藏有什么闪失，哪怕有一点点闪失，我就会觉得是我的罪过，是对柴窑的大不敬，还好，柴窑一直安然无恙。我常想，稀世柴窑能到我手上，是我与柴窑的缘分，我感到十分幸运，我很看重收藏柴窑，我要精心精意珍藏柴窑。我实在是太珍爱柴窑了，我对柴窑的感情太深了，研究柴窑已经是我生活的一部分，是我的人生事业，是我的精神快乐和幸福。

我还认为，柴窑是社会所有，只不过是缘分让我将其保管起来。欢迎柴窑爱好者前来观赏、研究，也相信来者的鉴赏水平，我愿与所有柴窑爱好者共同研讨柴窑。

柴窑现在是松堂博物馆收藏品，鉴于民办博物馆与国有博物馆法律地位平等，我现在更要尽心尽力把柴窑珍藏研究好，把松堂博物馆办好。以收藏柴窑的优势，和无柴窑收藏品的国有博物馆优势互补，相互促进，发展我国的柴窑研究事业。

沉石： 您珍藏的柴窑已向他人开放，为什么不向社会正式公开呢？

李松堂： 您说的正式公开大概是指召开新闻发布会，郑重其事地向社会宣布，这样是好一些，但是，在目前文物收藏环境中，不需要这样做。我即使正式发布新闻，想来的会来，不想来的仍然不会来，有的人

可能会不相信我的柴窑是真品。2011年,《北京青年报》有一则新闻:北京一位年逾七旬的张先生自称有柴窑,欲捐给故宫博物院,"北京故宫博物院文物管理科的一位工作人员听了记者的描述后表示,到目前还没有考古发掘柴窑的记录,也没有发现窑址,所以一些藏友收藏的所谓柴窑缺乏可信度。该工作人员还表示,如果个人欲向故宫博物院捐赠物品,首先要经过故宫博物院相关专家的鉴定,被认定为有收藏价值的物品,故宫会依据博物院的相关程序逐级向上报批,经审批后方可办理捐赠手续。"北京故宫博物院工作人员说的没有错,站在国家的层面是应该慎重认定柴窑和接收捐赠。但同时也说明,目前还没有考古发掘柴窑的记录,也没有发现窑址,那么故宫博物院相关专家就无法鉴定柴窑,所以故宫就无法接受柴窑捐赠。面对无偿捐赠的柴窑器,故宫博物院尚且如此,我即便宣布自己有柴窑,同样没有意义,信者自信,疑者自疑,与是否郑重发布消息无关。还有一个例子,对中如云先生曾经就"青百合花瓶"疑似柴窑征求一位专家的意见,专家说瓶子太精美了,不可能是后周时代造的。在这位专家的心目中,千年以前陶瓷工艺技术达不到那么高超的水平。尽管这位专家说"青百合花瓶"不是柴窑是正确的,但他的判断理由不对。精美到极致的瓷器不是柴窑,我的这个柴窑就精美到令人虔诚的地步,那就意味着更不是柴窑了。当然,我现在决定正式公开,并不是因为这时候公开了,别人就能承认这是柴窑,而是出于社会责任。

沉石:市面有柴窑仿制品,柴窑瓷器会不会像恢复汝窑瓷器那样,很快恢复出来?

李松堂:估计不会很快恢复出来,因为目前不具备复制柴窑的条件。复制名瓷,必须先要有样本,没有样本,无法复制,这如同复制一份文件,必须先有文件,才能通过复印机复印出来。在没有文件的情况下说"复印文件",根本没有办法实现,只能停留在口头上。汝窑瓷器的复制与柴窑不同,汝窑瓷器有公认的真品可供分析研究,具备样本条件,加上相关研究人员下定决心,不怕困难,持之以恒,去争取成功,经过一定时间,便出现奇迹。可是柴窑不一样,到目前全世界没有公认的样本,包括我的柴窑也没有获得公认。没有柴窑样本,无论人们多么愿意复制恢复柴窑,都无从下手,总不能想着柴窑做柴窑。人们常说"摸着石头过河",河里得有石头可摸,没有石头怎么摸,所以,柴窑不会很快恢复出来。即使有一天,社会公认某一件瓷器是柴窑器,要复制出来也不容易,经过十年八年的试制-失败-再试制-再失败,还不知道能不能搞出来,汝窑瓷器的恢复过程很能说明这一点。

沉石:你从事收藏近半个世纪,能否谈谈收藏经验?

李松堂:虽然我经历了近半个世纪的收藏,但仍然很谨慎,还是不能妄谈收藏经验,不过收藏体会是有一些。我在三个问题上体会深一些:执着追求,防止假货,从不出售。正因为这样,我的收藏事业长期保持正常发展,没有出现大的问题和失误。

做收藏事业,"执着追求"是取得成功的希望所在。收藏是我的人生事业,执着追求使我的收藏事业不断前进。几十年走过来,我深刻体会到,在寻找藏品的过程中,没有现成的藏品摆在那里等着收藏者去拿,收藏者不会轻而易举地获得藏品,只有把收藏当作人生事业的人,执着地追求每一件藏品,克服困难,锲而不舍,才有希望取得一定的成就。

回忆起当年在北美收购的几十件瓷器以及运回国的经历,那都是靠"执着追求"和"执着爱国"实现的,当时只要心理上稍微有所松懈,或者以无所谓的心态办事,就买不下那么多瓷器,特别是成功购买美国老奶奶的家藏元青花瓷器,很费一番周折。美国老奶奶坚持买房送瓷器不动摇,绝不单独卖瓷器,而我只买瓷器不买房,这桩买卖几乎做不

成,但我很执着,非买到手不可,于是我就变通购买办法,通过美国的房屋经纪人,为老奶奶补齐出售房屋的差价,曲线买下她的瓷器,取得了成功,为国家回收了宝物。

在执着的收藏中,我还体会到,执着收藏是一种精神境界。选择收藏,就是选择了坎坷,执着于收藏就是甘愿经受人生磨砺,执着于收藏陶瓷文化就是选择了清静、干净,执着于收藏文化的学习研究更是享受历史文化的精华。

防止假货就是要把住收藏质量关,不收藏高古瓷仿品,这是收藏的质量底线。之所以坚持这个原则,是基于社会上出现了高古瓷仿制品,有些地方还运用高科技手段制造仿品,让人眼花缭乱,必须严防死守"不收藏仿品"这个底线。坚持这个底线说着容易,现实中做着难。我特别注重细节,做到瓷器"三不买":一是品不准成色不买,二是搞不清瓷器身份来路不买,三是摸不透卖家出售动机不买。比如,我在研究柴窑中,一直有个愿望,期望有一天再发现一尊柴窑,或者发现一尊品相与我现有柴窑差不多的高古瓷器作为对比参照研究物也好,只要听到、看到柴窑信息我都倾心关注,准备资金购买,可我还是始终以我的柴窑为依据,以"三不买"为准绳,冷静处之,尽管一直没有发现和买到,但我不觉得遗憾,我将继续为发现和购买柴窑而操心,而努力,但决不放弃质量底线。

"不收藏高古瓷仿品"不是"不买高古瓷仿品"。我买过高古瓷仿品,而且所买仿品的品相可以达到以假乱真的程度。我买的目的是为了对比检验我收藏的瓷器是不是真品,也用于我的古瓷研究。办博物馆之初我就想,既然办博物馆,应该真品假货同台亮相,这样可让参观者在鉴赏的过程中认识真品,见识假货。我这样想和做,还在于对自己的收藏有信心,愿意通过真假对比来证明松堂博物馆收藏的瓷器是真品。

我"不收藏高古瓷仿品",但我不排斥仿品,因为有些人的仿制行为是光明正大地恢复继承陶瓷历史文化，应该提倡和支持，比如大河网-大河报 2015 年 6 月 17 日《朱文立汝瓷，大美无言（组图）》介绍的朱文立先生，他创烧汝瓷就是为了恢复继承弘扬汝瓷历史文化。朱文立是高级工程师，国家级非物质文化遗产项目（汝瓷烧制技艺）传承人。他潜心研究多年，研制成功了临汝窑豆绿釉、天蓝釉、月白釉、葱绿釉，使断代 800 年的汝瓷再现于世。朱文立发现的北宋官窑遗址已被国务院批准为"国家重点文物保护单位"。朱文立的作品引起社会巨大反响，曾赠送外国政要和国际友人。

透过朱文立的作为，我很看好科研型、历史文化传承型创烧名瓷的人物、行为和作品。

从不出售，源于我对"收藏"本意的个性理解。"收"是手段，"藏"是目的，"收"是为了"藏"，不是为了出售，如果"收"了以后就"出售"，那就不是"收藏"，而是"收售"。另外，我还认为，"收藏"是文化行为，"收售"是商业行为，自己早已立志于陶瓷文化事业，陶瓷"收售"商业行为不符合自己的志向，我不去买进卖出，我愿做纯粹的收藏家，不做收藏品投资家，更不做收藏品炒家。得益于"从不出售"，松堂博物馆藏品越来越多。我现在坚持不出售藏品，以后也不会出售，现有藏品已经成为我日常生活的一部分，把藏品出售了，我的精神受不了。

沉石：根据您几十年的经历，我们应该如何理解收藏？

李松堂：这是一个非常重要的问题，各人有各人的理解，我的理解很简单：收藏就是收藏文化，不是收集财富。人们常说"盛世收藏"，可以说当今中国是历史上最国富民强的时候，但是现今中国收藏爱好者们的爱好取向多样化，有的缺少真正的文化含义。他们争相收藏的是和田玉、玛瑙、琥珀等矿石，还有葫芦、核桃、茶叶等，在某种程度上收藏是为了发财。如果有人出高价，就会有人卖掉自己的藏品。多少年过去了，看看这些收藏者的多宝阁上，很难再找到几件珍品。或者说他们从来就没有收藏过一件真正值得收藏的古代艺术品。他们藏不住中国数千年来工匠、艺人们的创意和对美执着追求的成果。有着千年文化积淀、饱含着中国历代艺术家艰辛的中国古代艺术品真正值得收藏。这些艺术品是历代的青铜器、古玉、瓷器、书画、杂项等等，它们是中华民族的图腾，是人类对美的理解、追求和表述，它们才是中华文化的精华。收藏说到底是收藏本民族对历史美的记忆，这种历史美是由古代艺术品承载和传承的。

现在有一些收藏家缺少对文化的理解，是炒作文物而不是真正的收藏文物。这与利益对人们的影响有关。面对利益对收藏的影响，我经常提醒自己，安守文化收藏本分，用情感收藏、展出文物，用心灵鉴赏、研究文物，争取做一名历史文化的忠实收藏者。

第十四章

收藏家的责任

沉石：能否谈谈收藏家的使命和责任？

李松堂：这个问题提得好，这是每个收藏家都要面对的问题。从文物的来龙去脉说，文物都是流传几千年的历史遗物，都是经历无数时代、无数人传承才得以流传下来的，被有缘人收藏，这是人类共同的财富，谁也无法占为己有。个人只是一个有限时间段的保管者，而且保管也是替国家和社会保管，替人民保管，所以，收藏家担当着中华文物保管员的使命和责任，必须保证文物安全无损，不得渎职。文物是文化艺术品，狭义理解：文物收藏是某个机构、某个人拥有文化艺术品的问题，是个体行为。由于机构和个人是社会的组成分子，收藏具有社会和国家属性，因而广义理解：收藏是中华文化的历史传承行为，收藏家肩负着传承中华历史文化的使命和责任，是中华文化使者。每一个收藏家都应该担当这种使命和责任，完善自我，为收藏事业健康发展贡献力量。

一般来说，真正的收藏家不会用金钱价值来衡量、计算所拥有的藏品，而是把鉴赏藏品得到的精神升华和灵魂洗礼视为幸福，是称职的中华文物、中华文化的传承者。

随着经济、文化的快速发展，艺术品收藏兴盛起来。同时，藏品有被当成金融产品的倾向，投资、保值、升值成为收藏的一个条件，并成为是否购藏的决定因素。这种投资性收藏的文化趣味和人文情感淡薄，已经不属于真正的艺术品收藏，是一种追求投资回报的功利性收藏。

在收藏渐渐附带商业属性的时代，收藏人士无法脱离时代，但仍然可以做到，既重视投资价值，更重视藏品的历史价值、艺术价值和研究价值，尽可能采取多种灵活形式，传承中华文化，这样，收藏人士仍可

获得文化熏陶，实现精神享受。

面对收藏家的使命和责任，我经常琢磨自己的收藏方向和道路：是做个真正的收藏家，还是做个一般的收藏人士，自省自醒的结果，是要践行收藏家的使命和责任，做真正的收藏家。过去，为了做真正的收藏家，那么多艰难都走过来了，现在国家政策好，为什么要放弃呢？

现在，政策鼓励国内民办博物馆发展，我意识到松堂博物馆肩负着收藏使命，因此，我的收藏行为也将由个体行为转变为博物馆机构行为，承担起更多的公共社会责任。松堂博物馆的发展以及展出的收藏品，客观上还将转化为北京市的软实力，转化成中国陶瓷文化软实力，最终会打造成一张北京市城市名片、中国陶瓷艺术名片。每想到这些，我就深感担子重，责任大，使命光荣，必须要为这份事业做出自己应有的贡献。多方位构建松堂历史文化精神家园，把松堂博物馆办成柴窑文化研究家园、高古瓷文化研究家园、中华民居文化精神家园。

今后，在松堂博物馆建设方面，要更加细致地做工作，如加强资料积累和整理，包括器物、研究心得、档案信札等，这是一项很精细、很辛苦、很复杂的工作，是打造连接不断的文物"收藏链"，这是历史赋予我的使命与责任。回望千年，祖先们不懈努力，文物薪火相传至今。无论传到谁的手上，都不能让它熄灭，松堂博物馆的文物经我手收藏，我应该对经手的藏品负责，对先辈和后人负责。

沉石：民间收藏人士和体制内专家担负同样的使命，而体制内的专家的使命是不是更为重要？

李松堂：在文博领域，体制内专家的使命更为重要，民间收藏家是辅助力量。我们知道，现代社会的文物专家概念不是专指学术上的某一家，而是泛指具备专业技能、依赖此类技能为生的职业人士以及在学术、技艺等方面有专门研究或特长的人。这些文物专业工作者在专门的公共文物机构执业，是历史文物传承、文物资源管理使用、社会文化培育建设的国家专职队伍，承担着文物领域的相关工作，高级的专职文物工作者还参与国家文物政策的制定，对国家整体文物保护影响更大。以博物馆工作人员为例，他们专门搜集、保存、研究、传播和展览人类物质文化生活和人类环境的见证物，并为社会各界的文化研究、教育和欣赏服务，为经济社会发展服务，肩负的使命非常重要！

所以，民间收藏家尊敬专家，并抱有希望，希望专家们担当使命，并相信民间收藏家有真东西，能够在制定国家文物政策和实际工作时，反映现实文物全面情况，利于发展文物交易市场。

专家和民间爱好者都在发挥着保护文物的重要作用。说实在的，文物专家们工作很不容易。如博物馆工作队伍，2009年时，国家文物局对全国两千三百多家博物馆的问卷调查显示，中国博物馆从业者中只有10.6%的人拥有全日制大学本科或以上学位，其中毕业于博物馆专业的更是寥寥无几。根据约两千位馆长的回复，中国近90%的博物馆工作人员的学历是大专、中学甚至小学毕业。即使是在一成左右的拥有大本以上学历的从业者中，也只有屈指可数的几个是从高校博物馆专业毕业的。就是这些缺乏专门正规教育的人，从事着博物馆核心工作。可想而知，全国博物馆收藏有各类大量珍贵藏品，日常的维护、展示、归档等工作都需要专业的知识和技术。没有接受过正规培训的人是难以正确管理这些文物的，更难以进行深入的学术研究和向公众普及文物的文化内涵。然而，他们毕竟在边学边干中年复一年地工作着，希望这支文博队伍发展壮大。

沉石：民间收藏人士众多，根据您的了解，民间收藏人士有哪些收藏愿望？

李松堂：我作为一个民间收藏者，经常会与收藏界的朋友切磋经

验、谈论体会，总体来说，民间收藏家爱国情怀强烈，愿望是要积极保护国家文物。

我国珍贵文物流失严重，民间收藏家呼吁要采取有力措施，保护中华民族的文物珍品，保护国家文物安全，希望通过这些文物保护措施，提高全民的国家文化安全意识，要让各级政府和广大人民群众充分认识到，流散在民间的文物，是中华民族的宝贵文化遗产，也是国家物质文化财富的一个有机组成部分。要用一切手段，动员全社会的力量把国家文物保护起来，通过对文物的保护，使文物意识、文化遗产意识、中华文明意识深入人心，共同保卫国家文物安全。同时希望加强对文博系统从业人员的管理和队伍建设，构筑公平合理的艺术品交流平台，发挥民间力量保护文物珍品，规范媒体舆论导向，在全社会树立正确的文物保护意识。这些愿望，反映了广大民间收藏人士以保护文物为己任，为保护国家文物做贡献的心声。

沉石：什么样的人，才能称得上真正的鉴定专家？

李松堂：鉴定专家在收藏界是举足轻重的人物，我以为鉴定专家起码应具备以下六个条件。

一、鉴定专家要诚实守信，品德高尚，并且一定是一个大收藏家。自己连几件收藏品都没有，只是看过博物馆的展品或看过几本书，或者在什么单位工作过，没有对中国古代艺术品鉴赏的能力，怎么能给搞了几十年收藏的大家们做藏品鉴定呢？鉴定专家只有在自己几十年的收藏经历中，才能升华自己对文物的感悟并总结出独具特色又符合一般规律的文物鉴定知识，这是鉴定专家能够自成一家的最基本的条件。

二、鉴定专家自己的藏品中，一定要有区别于其他收藏家的独特的藏品。这些藏品应该是博物馆所没有的，是能够填补空白的，这样就会激励他们去研究这件藏品的年代和特点。人们便会承认他在收藏界的位置，赋予他收藏的名誉，这样才能得到收藏家们的尊重；人们就会相信他，愿意跟他交朋友。人们不愿意让一个不了解其收藏履历的人，来鉴定他们的藏品。

三、鉴定专家一定要从他的收藏经历和藏品中总结出独到的理论和观点。每一个收藏家都会有自己的藏品，从自己的藏品中悟出些许新的感悟、建树自己的理论。集腋成裘，每个人将自己的感悟整理出来，便会丰富人类收藏的文化。人们会欢迎他（她）来参加收藏圈内的研讨，因为他（她）是为收藏理论做过贡献的人。人们也会愿意分享他（她）的心得和感悟，并会受到尊重。

四、鉴定专家一定要在国内外举办过个人收藏品的展览。这样，公众能检验他（她）的藏品的真伪和质量，人们才会相信他（她）的鉴赏能力。如果他（她）是一个伪鉴定师，那么他（她）展览的藏品是逃不过众收藏家的眼睛的。因为藏品的价值在公众面前自有公论。遗憾的是，至今我们很少见到哪一位中国知名的鉴定专家，搞过自己的藏品展。是因为他们没有自己的藏品，还是因为他们不敢拿自己的藏品进行展览，不得而知。

五、鉴定专家一定要对古代艺术藏品有学术研究的成果，他（她）的著作，不能仅仅是图谱或图谱的说明。我们在书店看到一些专家的"专著"，我认为不能称其为专著，最多算作"古代瓷器图谱集"，而且图谱中的瓷器，大多都是各知名博物馆的藏品。大家都在博物馆里看到过这些瓷器，并不需要这些作者再给我们讲瓷器的器形、纹饰等。而这样的专著往往是精装版的，价格昂贵。由于缺少收藏界对专家的舆论监督，这种"图谱专著"每年都有大量出版。然而市面上少有陶瓷理论研究成果专著问世。我希望能看到更多具有独到见解的著作。

真正的鉴定专家必定是知识渊博、喜欢钻研、认真执着、恪守职业道德的人，只有成为这样的人，才会受到人们的信任。

六、鉴定专家一定要有强烈的社会责任感。担任公职或曾任公职的鉴定专家，长期在机构坐班，若不深入实际，容易脱离不断发展变化的文物收藏现实，所以鉴定专家需要做到身在机构，心系社会，面向社会文物市场，面向考古第一线，面向广大文物收藏爱好者，这样才能发挥鉴定专家的职能，为国家文物收藏事业服务。

在这方面，我们通过《鞍山日报》2009年7月13日《李辉柄与元青花纠结的岁月》一文，可以知道担任过中国考古学会理事、中国古陶瓷学会副秘书长、故宫博物院研究员、国家文物鉴定委员会委员，文物鉴定专家李辉柄老师的事迹很典型、很感人。

"李辉柄从十几岁起追随'中国陶瓷之父'陈万里先生在全国各地进行陶瓷调查。数十年来，李辉柄见证了新中国成立后中国古陶瓷研究道路上一点一滴的进步，他本人也成长为古陶瓷鉴定界顶尖人物，许多学术观点与成就得到国际认可，同时也被作为官方主流学术观点得到传播。"

因为要研究元青花，这位当时已经七十多岁的老专家选择"从头开始"。

这是多年前的事儿，"广东有个藏家拿了一批新出土的元、明瓷器去一家拍卖行送拍。当时学术界的观念都是一样的，元青花全世界才三百多件，这批瓷器与馆藏传世品有很大的区别，因此拍卖行很快得出了赝品的结论。那个藏家急了，他说墓里出土的东西怎么可能是新仿的？为了鉴定真伪，拍卖行邀请李辉柄前往。"

"在现场，从墓志的格式、内容上看，是明正统年间当地乡绅的墓。当时李老就断定，这是个真墓。出土的是明代永乐、宣德时期款的瓷器，还有元青花。亲眼目睹，改变了李辉柄的观念，他认为元青花的数量远超过人们认为的300件，而且对元青花的鉴定方法十分局限。李辉柄认为这是个大事。回来后他写了两篇文章，谈了自己观念的改变和鉴定界目前存在的问题。出乎意料的是，稿子被《文物》和故宫博物院院刊都退了回来，这是前所未有的。民间还有大量元青花！李辉柄的新颖大胆观点引起了轩然大波。由于冲撞了业内主流学术观点，他被人称做'神经病''疯子'。"

"关于元青花存世量的观点为什么得不到业内的认可？李辉柄说原因有三。首先，元明清时期的窑址墓葬都不像宋以前的那么丰富，标准器都是博物馆传世的官窑器，出土的很少，研究得不充分。传世官窑与新出土的器物又有很大的区别，馆藏传世品的研究经验对新出土的器物是远远不够的。其次，新出来的东西，在不被专业人员承认的情况下，景德镇的高仿品就出来了，这就使鉴定工作变得更加错综复杂。再者，就是近年对元明清窑址考察不重视，墓葬又不愿意去。"文革"前对窑址和墓葬考察的工作做得多，近年真正搞考古下去实地调查的少，很多民间挖掘出来的墓葬，专业队伍不知道。再加上固有的观念，一看到东西就认为是新的，凭主观就认为东西是假的、墓也是假的，不值得去。'人的知识与经验总是有限的。我如果不去，脑袋里都是过去传统的资料，也肯定不会相信。''一些专家怕认错名誉受损，所以只要与馆藏品不符，统统判为假。还有部分好东西因为专家综合知识不足，而被错判。'"

李辉柄是文博界的大家，在国内外都享有很高的学术威望，他完全可以坐享其成，安度晚年，但他却宁愿到处奔波，甚至冒着风险去实地考察，这种社会责任感，值得我们尊敬和效法！

很多民间的大收藏家实际也是鉴定家，这些民间的收藏鉴定家不是

凭借精密仪器检测来做鉴定，是凭几十年总结交流出来的鉴定古代艺术品的眼力，对于真正有收藏经历、经验积累相当丰富的民间大收藏家来说，眼力鉴定总体是可信的。这些民间的收藏鉴定家处于分散状态，平时大多会经常组织身边喜爱收藏的朋友们进行学术交流和研讨，学术圈子比较小，不像担任公职的"文博专家"那样在官方机构里面集中办公。民间收藏鉴定家可以参加各级各类"收藏家协会"，中国目前有好多文物收藏家协会，但大多数人即使参加协会也不在所参加的"协会"上班。目前，中国是收藏爱好者最多的国家，民间收藏活动的趋势将走向规范化、正规化。

面对民间收藏活动规范化、正规化的趋势，"文博专家"和民间收藏鉴定家都不能固步自封，要像李辉柄老师那样，深入第一线，追寻新文物，不断学习提高，争取文博理论水平和收藏鉴定技能与时俱进。

规范化、正规化的民间收藏活动终究还需要"经验鉴定法"。一件千年的古代瓷器艺术品，它的材质、纹饰、彩料、器形、窖藏和使用过的痕迹及釉面多年热胀冷缩所发生的物理变化，还有当年烧造时釉泡的化学反应等特征是明显的，是客观存在的，看得多了，这种眼学知识就会成为众多收藏家们公认的鉴定标准，无论专职鉴定家还是民间鉴定家，都还要不断总结鉴定经验，提高眼力鉴定技能。

民间收藏活动的规范化、正规化需要实事求是的文物鉴定原则，防止走向"以馆藏标准器物为高古瓷鉴定标准"的误区，李辉柄老师千里奔波考察元青花的实例就很能说明这一点。李辉柄老师那次实地考察认定的元青花，与国家博物馆的元青花藏品不同，但出土现场的实情更能说明出土瓷器的元青花身份，李辉柄老师如果"以馆藏标准器物为高古瓷鉴定标准"，就不可能认定那些元青花，也不会从此改变自己以前"元青花全世界才三百多件"的原有看法。

社会责任感要求鉴定专家注意识假，以应对社会上屡禁不止的仿制品，为净化文博环境做贡献。现在科学进步了，可以借助能检测陶瓷年代的仪器来鉴定高古瓷器，如相继问世的超声波、红外线、热释光等检测仪器，尤其是热释光仪检测瓷器的年代是比较准确的。

第十五章

收藏家李松堂

沉石：说说您的松堂博物馆吧。

李松堂：我的职业是医生，在北京松堂关怀医院工作。我的业余爱好就是收藏，收藏也成了我的第二生命。我从小在北京四合院长大，对四合院的门墩、饯檐、影壁、吻兽……太熟悉了。刚刚解放的时候，北京有92万间民宅，随着城市的建设，大部分都被拆除了。记得我七岁那年，我们家的胡同也要拆迁，墙壁上画了好多的圆圈，里面写着大大的"拆"字。我们家也在收拾东西准备搬迁。拆迁工人在胡同里忙碌着，没有几天的功夫，我家邻居的四合院都被拆除了，看着那么多精美的砖雕石雕都被当做垃圾扔掉。有一次，我看到工人们正往马车上装拆下来的砖头瓦砾，其中两个人想把倒在地上的门墩搬到马车上，"一、二、三！"搬不动，又过来一个工人帮忙，还是搬不起来。站在旁边的工头说："你们真笨。"顺手拿起一把大锤，举得高高的，猛地砸下去，"当"的一声门墩断成了三截。这一幕给我留下了深刻的印象。他们把它"打死了""砸碎了"。那可是我们的"小伙伴"啊！多少年来，我们邻居的几个孩子总在门墩旁捉迷藏、拍洋画儿。爸爸上班的时候放在我手中一本唐诗："把它背下来，回来我考你。"我便骑在门墩上，摇着头，一遍一遍地念："迟日江山丽,春风花草香。泥融飞燕子，沙暖睡鸳鸯。""冰糖葫芦刚沾得"，远远地看见卖糖葫芦的过来了。我赶紧跑回家："奶奶给我买个糖葫芦吧！"这就是我跟门墩的不解之缘……跑回家后我把看到的一幕告诉爸爸，他正和姐姐在搬一件黄花梨的柜子。"爸爸把咱们家的门墩一定要搬走啊，要不他们就给砸碎了！"父亲看了我一眼，继续收拾他的东西，根本就不理我。第二天、第三天整整磨了三天，爸爸却回头冲着我的肩膀就是一巴掌，然后指着爷爷屋里的紫檀

多宝格,又指指房檐下精美的楠木雕。"这些东西都不能要了,还要什么门墩?"长这么大,这是父亲第一次打我。爸爸不听,我就跑到爷爷的房间,哭着又讲了一遍他们把门墩打死了的事情。我是家里的两代单传,爷爷最喜欢我,几天以后当我们搬家的时候,爷爷跟父亲讲:"孩子这么喜欢门墩,就把咱们里院垂花门前的门墩带走吧。"这就是我的第一件藏品。

当北京四合院大量被拆除的时候,我真不忍心看着老祖宗留下的砖雕、木雕、石雕都给毁坏了。只要有可能,我就把它们捡回来。北京城拆迁最红火的十多年间,也是我最辛苦的日子。我经常骑着自行车,或蹬个平板车,见到精美的民居雕刻就捡回来。一晃三十多年过去了,我收藏的民居雕刻构件也有七八千件了。仅北京的老门墩,我就收藏了四百多对。办一座博物馆吧,给老北京的居民留下一点儿时的美好记忆。几经周折,后来改革开放了,北京作为全国第一个试点城市允许民间申办博物馆了,北京松堂博物馆作为中国第一家"四合院民居"博物馆,对外已经开放十多年了,接待参观人数已超过20万人次。(见本书彩图59)

其实中国的民居建筑确实是世界最独特的,埃及、巴比伦、希腊也有很多精美的建筑雕刻,但绝大部分都是在公共场所——宫廷、庙宇等,世界很少有哪个国家在民居上有这么丰富多彩的雕刻文化。我们的祖先把图腾、偶像、英雄、历史故事、神话传说、伦理道德、孝悌文化、祝福祈盼甚至所能想到的美的图案都雕刻在我们民居建筑的石雕、木雕、砖雕上。这与我们的儒家文化是息息相关的,光宗耀祖、金榜题名是每个家庭所追求的。

博物馆经常组织社区和学校的学生们参观,多次进行民居文化的学术交流。1998年世界博物馆日,有关部门在全国范围内开展了"评选出你最喜欢的镇馆之宝"活动,中国的一百多家博物馆参加了评选活动,评选的结果是，第一名为国家博物馆的"司母戊方鼎"，第二名是故宫博物院的"清明上河图"，松堂博物馆的元朝皇宫门前赵孟頫雕刻的"胡人训兽"门墩被评为前十名的第八名。第九名是明十三陵出土的万历皇帝的金丝冠帽。（见本书彩图60）

2009年，北京市政府挑选出北京最有特色的四合院100座，网上评比，松堂斋博物馆被评为"最有特色的四合院"第一名。被政府有关部门评为AAAA级博物馆单位。

沉石：媒体报道，您与日本的收藏家岩本公夫先生有过一段交往，是怎么回事？

李松堂：那是1998年的事，中国的很多媒体都在报道岩本公夫先生喜爱中国的门墩。我也看过有关他的报道，他原来在日本当老师，退休后他来北京语言大学读书。有一次他路过国子监街，看到一户四合院门口有一对石头，雕刻着精美的图案。他不知道这是什么东西，问了好几个路人也都不知道。回到学校后，他拿出照片又请教老师，老师告诉他这是北京民居的建筑构件，作用是连接门框、门轴、门坎，他又请教上面雕刻的图案是什么意思，老师也不知道。从此以后，下了课他便拿着相机大街走小巷串，见到谁家门口有门墩就拍下来，还在学校搞了一个北京门墩摄影展。当时，我医院的工作特别忙，看过报道只觉得日本人也挺有意思，还挺喜欢中国的门墩。半年以后，北京日报的记者刘一达到松堂关怀医院采访老人的故事。文章写完了，他好奇地问我："你们每间病房门口为什么都摆放着一对门墩呢？"我说："老人看到门墩儿可高兴了，总能唤起儿时美好的记忆。""你怎么有这么多门墩？"我告诉他"这是拆迁时，我一件件捡回来的。"他感动了："下星期有时间我一定采访采访你。"一个星期后，北京晚报整版刊出了我的关于收藏门墩的报道。此时，我正在和北京石刻馆商议开展一次门墩展——老

北京百对门墩精品展。展览中有一天,我突然接到一个电话,是岩本公夫先生打来的。原来他在日本,知道了我正举办门墩展,问:"你的门墩要展出多长时间?"我说:"三个月。"他说他一定到北京来参观我的展览,到时约我见面。一个多月后,岩本公夫先生来了,看着我的展览,他问了我好多问题,其中问到"中国的门墩是从哪年开始形成的?"我说:"汉朝。""啊,两千多年了!"然后我把他引到我那对汉朝的门墩前,他感慨不已。"这个是什么图案?它有什么含义么?"说着,他指了指另一个门墩,中心图案是翻滚的雷云。我告诉他:"这跟中国的科考制度有关,邻居家出了探花、榜眼,他家希望自己的孩子能中状元,在制作门墩时突发奇想,把雷云雕刻在鼓形门墩的中央。中了榜眼净水泼街、黄土垫地。中了状元,鼓雷得震天响,可着四九城儿都能听见。"我回答了他十几个问题,他又拓印又照相,大半天过去了,临走的时候,他激动地握着我的手说:"我可算找到老师了!"至今偶尔还能接到岩本公夫的电话。日本人很多都有中国文化的情结,岩本公夫先生喜好研究中国的民俗,对中如云先生喜好研究中国的陶瓷。

沉石:您还有什么其他博物馆没有的瓷器种类?您是个低调的收藏家,有独一无二的珍品,在故宫文物列表中有些缺失的物件,而您早就有了,但为何沉默不语?谈谈您几件稀世之宝及其特征。

李松堂:几十年了!我搞瓷器收藏,并以官窑瓷器为主,因为只有官窑瓷器才能代表那个年代陶瓷艺术文化的最高风格。除了我有上面说的柴窑以外,宋朝的五大名窑汝、官、哥、钧、定我收藏有19件,其中北宋的汝窑有三件,南宋汝窑有四件,还有临汝窑水洗在其他博物馆的图录上没有见过,收藏官窑、哥窑瓷器各两件,收藏钧窑瓷器三件,还有四件定窑。另外,我收藏的元青花瓷器有26件是其他博物馆没有的独特的品种。我记得早些年,一说到五彩瓷,总是说万历五彩,直到上个世纪90年代中国政府维修西藏的庙宇，在萨迦寺的顶层，工作人员在一尊佛像前发现了一个五彩小碗，拿下来一看，碗底的款识是"大明宣德年制"。后来，这个五彩小碗作为国家一级文物被故宫收藏了，从此，中国五彩瓷烧造的历史从明朝的万历年代提前到宣德年代，五彩瓷烧造年代提前了将近二百年。其实，中国五彩瓷的创烧不是在宣德年间，而是在元朝。我有三件元朝的五彩瓷罐，一件是"元五彩昭君出塞罐"。（见本书彩图61）

还有一件"元五彩麒麟纹罐"和"元五彩十八罗汉人物盘"。我还有63cm高的元青花人物罐，有元釉里红的凤头扁壶、枢府白瓷的凤头扁壶和元青花凤头扁壶。还有元青花"象耳伯乐识马纹饰瓶"一对。这是我以前从来没有见过的连环画纹饰，画中的买马者在第一个瓶的纹饰中伸出了一个手指，是不是当时只出100两纹银要买这匹马。可能是卖主不同意，第二个瓶的纹饰买马者伸出了两个手指。这是我见过的所有瓷器唯一的一对有连环画内容的。我还有一件"元釉里红夜光釉池塘仙鹤纹四系方壶"，夜晚能发出萤光，看过它的人都会想起唐朝王翰的那句"葡萄美酒夜光杯，欲饮琵琶马上催"。我不知道唐朝是否能烧出夜光釉的瓷器，但唐朝的白瓷已达到了相当的水准。是不是王翰和几个朋友推杯换盏时，天上皎洁的月亮照在唐白瓷杯上，他诗兴大发将此比做夜光杯。但是因为我有夜光釉的元瓷，我可以说元朝有夜光釉的瓷器。我还有明朝带款识的瓷器：建文、洪熙、天顺、泰昌官窑瓷器。

我还有一些其他博物馆所没有的，明永乐甜白瓷内画龙凤纹饰的高足碗、成化斗彩"四妃十八子纹饰荼叶盖罐"内写"昭德宫珍藏"，还有清雍正、乾隆的官窑瓷器。另外，我还有祭祀款的元青花。这些藏品是我在所有去过的博物馆都没有见到过的，是博物馆的图录上没有检索出来的特殊品种，但我不能说是孤品。这些珍贵的瓷器有一些是在国内收集到的，但大部分是从国外收集回来的。

原则说我不是"行里人",我收藏了几十年,完全是因为我的喜好和一种民族责任感。至今,我都没有卖过一件我收藏的瓷器,也许就是人们调侃中常说的"收藏家吧,就是将宝贝藏在自己家里"的人。

沉石:您博物馆里展出了多少件元青花瓷器?

李松堂:我不但喜欢收藏四合院的民间雕刻,也喜欢收藏各种中国古代艺术品。在我的收藏中除了古玉,我最钟爱的是宋瓷和元朝的青花瓷器。20世纪70年代,我从事中学教师工作,有许多闲暇时间。从小学起我便开始集邮,"文革"时期全国的收藏活动几乎停止了,为了补齐"文革"时期的邮票,我经常去集邮公司收集邮票,当时集邮公司也有古钱币交换、出让,因为我喜欢,同时还收集了数百枚古钱币。一天,突然有人告诉我:"后海鬼市有人卖古董,还有瓷器、玉器。"凌晨四五点,我便拿着手电筒淘宝,后来鬼市越来越多,福长街、白桥、宣武公园、龙潭湖……凌晨都有我的身影。又过了七八年,潘家园的土堆上冒出个古董市场,一直红火到今天。北京的文物市场我都常去,收获很大。一晃四十多年过去了,藏品一直存放在自家的库房里,也少有时间去整理它们。

直到2005年,如雷贯耳的一则消息振奋了中国的几千万收藏爱好者。英国伦敦佳士得拍卖公司拍卖了一件"鬼谷子下山"元青花大罐,被英国著名的古董商埃斯凯纳齐用1568.8万英镑的天价拍得,折合人民币2.37亿元,创下了当时中国艺术品拍卖最高纪录,国人如梦初醒。当时我和中国数千万收藏家、专家、学者一样,对元瓷的了解没有现在这样清晰和丰富,因为元瓷很少有带款识的,偶尔会把元青花定为永乐、建文时期的瓷器。

我收藏的近千件瓷器中,元青花瓷器不算民用瓷和贸易瓷,官窑元青花的贡瓷和赏瓷现在有98件。二三十年来,每收藏到一件元朝瓷器我都爱不释手，抱在被窝里，有时睡梦中醒来还要拿着放大镜翻来覆去地端详。我最喜欢元青花的纹饰，绘画那么栩栩如生，像中国的水墨画，尤其是带有人物纹饰的更为生动，马匹是灵动的，人物是灵动的，而且他们都有相互间的交流。我感觉元青花上的纹饰比齐白石画的虫草，比徐悲鸿画的马匹都更立体鲜活。元青花纹饰上的芭蕉叶都是有生命的，如果我们给它浇一些水，第二天我想芭蕉叶没准儿会挺拔起来。

现在土耳其、伊朗、英国达维德基金会、日本初光美术馆和中国的南京博物馆、河北省博物馆、江西高安博物馆展示的元青花藏品我几乎都有收藏。我有一件"萧何月下追韩信"梅瓶和南京博物馆的一样。现保存在南京博物馆的"萧何月下追韩信"梅瓶成为其镇馆之宝。2005年，我在我收藏的瓷器中，一件件地筛选，居然找出了10件元青花瓷器。其中五件器形硕大，苏麻离青翠艳欲滴，太精美了，真是罪过，冷落了它们那么多年。随后几年我便经常跑图书馆、去博物馆，只要跟元青花有关的地方，就像磁石一样吸引着我，我认真地开始了元青花的研究和收藏。

沉石：您对元青花研究最大的收获是什么？

李松堂：我最大的收获应该是对元青花的鉴定，如果你有十件高仿的元青花赝品，其中摆放一件真品，可能我不用十分钟就能把它们准确地挑选出来。这仅算我个人的经验和收获吧，概括起来元青花的鉴定方法可用下面的口诀来表达：

> 多元文化体形硕大，接胎压手底足无釉；
> 肥釉亚光卵青如玉，一笔三色铁斑结节；
> 苏麻离青晕散流淌，偶有缩釉扒胎入骨；
> 运笔如飞灵动传神，纹饰繁复层次分明。

我研究元青花的成果,一是有文字记载以来,第一次将元青花瓷器种类,进行了准确的分类。记得20世纪80年代末,在北京修地铁的时候,在元代的土层里发现了大量的元青花碎片,而且在这些碎片中还发现了一个完好的元朝的小罐。这可是重大新闻,中央电视台、北京电视台众多的记者赶到现场:"啊!北京发现了元青花!"这是当时的头条新闻。第二天在电视的早间新闻里,我看到了这段影像。看完这段新闻,很多收藏家和我一样,都有这样的感觉:"为什么中国发现的元青花都是那么灰头土脸的?完全没有土耳其皇家博物馆元青花的硕大豪放、秀美艳丽?"随着我收藏元青花数量的增多,我感觉要更准确地认识元青花,一定要对元青花有一个正确的分类。根据我对元史和元朝瓷器的研究,我在《中国元青花瓷鉴赏》一书中写道:

元青花大致有三类:

第一类,浮梁磁局督造的皇家贡瓷、赏瓷。

在宋朝灭亡的前一年,元朝政府在浮梁——后称景德镇,设浮梁磁局,官为九品,为瓷业行政机构。浮梁磁局成立时,仅景德镇一地就有湖田、太白园、落马桥、珠山、戴家弄、厉尧、观音阁、丽阳、瑶里、坑追、塘下、中渡口、四渡里等多处窑口。民窑达300座之多,他们也烧造青花、蓝彩、红彩、雕塑、釉里红和五彩等精美瓷器。另外,浙江的江山、河北的定窑以及哥窑和云南的玉溪、禄丰、建水等地,元代也烧造青花瓷。中国制瓷业在元代步入了青花瓷称雄兴盛的伟大时代,每年总有几十万件青花瓷器问世。

1. 元代浮梁磁局督造的官窑瓷

元朝生产如此精美的官窑瓷器,与元朝政府对瓷器生产的重视是分不开的。元朝政府对官窑瓷器制作、管理分工程序明确,按照官府指定的纹饰、器形严格烧造,如有违者一律问罪,凡欺瞒、包庇者、中间商、经纪人、运输行业均受株连。元代蒋祈在《陶记》中记载：密有尺籍，私之者刑；袖有三色，冒之者罚，凡利于官者，一涉欺瞒，则牙、商、担夫一例坐罪，其周防可谓密矣。由浮梁磁局督办，从景德镇众多的瓷窑中精心挑选资历深厚、工艺精湛的窑口，并在全国精心挑选出精干的窑工和画工及宋朝遗留下的文人墨客、宫廷画家，专门烧制御用贡瓷和皇家赐瓷。这就是元代官窑。元朝的皇家瓷根据本民族的生活习惯，器形比较硕大，蒙古人好客或战争凯旋后总要很多人聚在一起，大碗喝酒，大口吃肉。当然，这种官窑与明清的官窑有明显的不同。明清官窑瓷是专供皇家把玩、欣赏、使用。元朝官窑除生产皇家把玩、欣赏、使用的御用瓷外，还生产皇家赐瓷；同时因黄金家族后来信仰藏传佛教，还生产礼佛瓷器，供奉于各大寺庙并赏赐给上层喇嘛。

2. 元代官窑瓷产量多的原因

当初我认为元朝的官窑器多半为官搭民烧，元代皇帝最大的两项瓷器支出是赏赐和佛事。尤其是新皇帝登基，为收买人心，赏赐的数额每每胜于前朝。成宗继位时，赏赐的绸缎、瓷器、金银超过世祖五倍之多，赏银超过三倍。武宗继位遵照成宗之例，应赐纱 350 万锭，当时每年常赋入京师国库的仅有 280 万锭，常年支出就需要 270 万锭。仁宗在位时赐金 39650 两、银 1849050 两、纱 223279 锭、币帛 472488 匹。元朝皇权更替频繁，元成宗（1265 年 10 月—1307 年 2 月）去世后，朝廷内部权利纷争不断，从 1307 年到 1333 年，25 年间换了八位皇帝，有的皇帝登基不到一个月就撒手人寰，元朝的新皇登基一般都大肆封赏，由此更增加了赏赐的数量与频率。皇帝对权臣赏赐的数量十分惊人。这种赏赐从经济上保证了蒙古、色目贵族的生活享受。元朝统治者对宗教采取兼容并蓄的宽容政策。由于忽必烈信奉藏传佛教，藏传佛教的势力有较大发展。1291 年全国共有寺庙 42318 所，僧尼 213148 人，较大的寺庙也有享受皇家赐瓷的待遇。元代每个皇帝继位后都要兴修佛寺，年年

都要大做佛事，也耗费大量的钱财。如1288年忽必烈建万安寺，为装饰佛像和窗壁，用黄金540两和水银240斤。1313年内廷做佛事，一年耗费面粉439000多斤，油79000斤，酥21000斤，蜜27000斤。这也是元朝为了维护长期统治的一种怀柔政策。因为中国的瓷器产量最多，所以元明时期皇家赏赐给藩王的记录中，不特意地记述瓷器也是很正常的现象。但黄金、白银多少两、丝绸多少匹是要记录在案的。

从元代皇帝的大量赏赐活动来看，作为供奉之用的瓷器也大量用于赏赐。英国达维德基金会现存的至正十一年张文进烧制的一对象耳瓶，应该就属于皇家赏赐于寺庙的瓷器。现存土耳其、伊朗等地的元青花瓷器上大多有宗教内容的纹饰，也是正常的。元朝统治阶层等级森严，为了战争和开拓疆土，它需要忠心精干的领导团队，元朝不同于中国历朝的嫡子传承制度，作为"黄金氏族"，"汗"的诸子皆称王，后妃赐爵赐王，有功之臣异姓贵族官僚封邑封侯，也需要享用大量的官窑瓷器。

第二类，浮梁磁局督办的元青花贸易瓷。

元朝中后期，海运和对外贸易十分活跃，宋朝时有海外贸易关系的国家和地区有五六十个，到元朝时已达到一百四十多个，日本、高丽、波斯湾、东南亚，一直到非洲东海岸，都与元朝有贸易往来。为了增加政府的财政收入，元朝对瓷器税收十成取三，并按照出口地区的器形纹饰要求，生产了大量的外销瓷。为了增加效益，外销瓷使用国产和进口苏麻离青混合料作为呈色剂，节约了大量的制作成本。这些外贸瓷在西亚、东非、东南亚、印度等地均有出土。对于元青花瓷的外销，史书多有记载。汪大渊在至正元年至至正十一年（1341-1351）间撰写的《岛夷志略》中多次提到"青白花碗"或"青白花器"等，这些都属于外贸瓷。

元至正时期，正是中国景德镇青花瓷经过发展达到成熟的时期，青花瓷作为新瓷品种与其他瓷器品种一起外销（北京松堂斋博物馆元青花馆展出有16件元朝出口贸易瓷），故元青花贸易瓷的存世量应该远远多于皇家贡瓷和赐瓷，数量应该不会少于数万件。当年海上和陆上的丝绸之路，船只、驼队川流不息，非洲东海岸国家和东南亚出土的大量元青花瓷片，给我们提供了重要的佐证。回想当年，川流不息的陆上丝绸之路上有多少驼队装载着数以万计的皇家赐瓷、贸易瓷，运往西亚、欧洲国家。在行进的途中，忽然有一天，商贩们突然得到元朝灭亡的消息，妥欢贴睦尔已不是他们的国君了，朱元璋成了新的皇帝，树倒猢狲散，茶叶、丝绸、瓷器就地变卖，携带银两四处逃窜。这批运送中被变卖的元青花应该也有部分成为收藏家的传世藏品。

将苏麻离青与国产料混合使用，器形较小，便于批量生产，是元青花贸易瓷的主要特征。

第三类，元青花民间实用器。

元代时，全国有几百家窑口大量生产青花瓷。民以食为天，不管谁当皇帝，百姓总要生活，生活用青花瓷的烧造从未中断过。由于窑口很多，而专家学者、收藏家对元青花也没有做过清晰的分类，国内偶有民窑青花瓷出土，每次都会有人说这是重大发现，以此引起专家学者和媒体的关注。其实这是民窑生产的青花实用瓷器，其胎釉粗糙，用国产青料，烧成技术也差。北京修地铁发现的那件，当时引起人们惊呼"北京发现了元青花"，就属于民用瓷器。这类元朝民用青花瓷器存世量很多。

对研究元青花，我的第二个成果是：知道了曾经在明、清时期，有过对元青花瓷器较大数量窖藏的发现，而且发现了元青花的珍品"元青花五彩瓷器""元碧青釉瓷器""元龙泉青花瓷""元瓷雕摆件""元雕塑青花孩儿枕"等十几个元朝时期瓷器的新品种，否定了"专家"们认定的"元青花瓷器存世量只有三四百件"的结论。

另一个成果就是肯定了元青花有纪年款的瓷器，而且还有博陵弟款、枢府款、墨写张文进款和大元帝国万岁万岁万万岁款等，肯定了元瓷是有款识的。还有，通过实物收藏证实了元瓷除了已知的青花、釉里红、红绿彩、雕塑瓷、蓝釉瓷、反青花等品种外，又增加了元青花五彩、碧青釉、孔雀绿、珐华彩、夜光釉等十几个品种。最重要的是我收藏到1.35m巨大的至正十一年元青花皇家龙纹象耳瓶，证明了真正的元青花皇家瓷器不在土耳其，不在国外，而是在中国！

沉石：给我们讲几个您收藏元青花的故事吧。

李松堂：2011年我在《中国元青花瓷鉴赏》中记下了几个我在海外收藏元青花的故事。

我的孩子上中学的时候就去加拿大留学了，为了看望他，我也有了经常出国的机会。欧洲、北美、西亚、日本，我去过上百家国外的古董店和拍卖公司，外国人更没有几个能认识中国元青花瓷器的，有的古董店摆着一件元朝瓷器他们也不知道，你问他哪个年代，都说是明朝的，而且价钱都不很高。但能碰到一件也并不容易。2007年我去欧洲，转了几十家古董店，却没买到一件元青花瓷器。但也有捡漏的时候。2009年，温哥华梅纳得拍卖公司春拍有一只"西厢记"元青花人物罐，预展了三天，好多华人在看，我翻来覆去地看，真是件好东西。我想肯定得拍出个天价。拍卖开始了，一只乾隆粉彩碗从800加元一口口的加价，卖出了4600元。一个雍正的观音瓶也卖出了1800加币。该到"西厢记"了，我心怦怦地跳："1000元，1000元！"拍卖师连喊了两声，没人反应，我举了牌，心里非常忐忑："1200元，1200元！"连喊了三四声，也没有人再举牌。嘭，拍卖锤落下了，我兴奋地握了握坐在旁边的夫人的手，原来那么多争相举牌的华人也都不认得这只"西厢记"元青花人物罐是国宝。

总听人们说，收藏就是一个缘分，想了想，我跟元青花真的是有缘分。为了收藏元青花，在北美我认识了很多做房屋经纪的朋友。国外卖房子和我们不一样，他们一定要通过房屋经纪人，因为有很多法律的手续，房屋经纪人轻车熟路，房主自己办起来就非常麻烦了。每个想卖房子的人都会把房子交给房屋经纪，一间别墅要出售，房屋经纪是第一个仔细观察房间的人。我告诉他们，如果看到有中国古董，就给我发张照片来。几年来我也收到了几件宝贝。有一天，一个美国朋友告诉我，有一座上百年的老别墅要出售，阁楼上摆放着几件中国瓷器，当我看到他发过来的几张照片时，惊呆了。一对永乐甜白内画苏麻离青二龙戏珠小瓶，一件明空白期人物罐（带款），还有一件元青花罐，"那不是鬼谷子下山吗？"我赶紧给朋友打电话，让他问问房主是否可以将这几件瓷器卖给我。答复是"不卖"。我又亲自到美国，原来房主是一位八十多岁的老奶奶，固执得很。她的爷爷清末时在中国做传教士，爷爷留下的东西她不卖，但是谁要是买了她的房子，瓷器不要钱可以送给他，因为房子也是她爷爷留下来的。我们碰到了一个天大的难题，老奶奶非要 80 万美金，天呀，那是前些年的价格，经济危机了，房价跌得厉害，老奶奶可不管。她指了指对面的一间别墅说："他那间房子，比我的还破，人家前年就卖了 80 万美金。"现在她这间房子市场价最多能值 70 万美金左右，跟老奶奶怎么说也没有结果。我又舍不得这件"鬼谷子下山"元青花罐，最后跟房屋经纪商量，他只管卖房，最好能多卖点，不够的话，中间的差价我来补上。两个多月后房子以 69 万美金成交，第二天，我拿了一张 11 万美金的支票汇了出去，总算如愿以偿了。

每一件收藏，每件元青花都有一段坎坷，可是对元青花来说我真是有感情，只要见到它们，我就迈不动步，一定要想方设法把它收集起来，我一定要办一座博物馆，而且一定要超过土耳其的 40 件，超过

伊朗的32件。因为元青花是我们中国生产的,他们的元青花都是大元皇帝赏赐给他们的。怎么非得千里迢迢跑到外国去看?这确实有些不合情理!多少年过去了,功夫不负有心人,在世界各地我有幸收藏到99件元青花瓷器,这些七百多年来中华民族的游子,回归祖国的日子到了,它们完成了中华民族这一文明古国被世界誉为"China"的荣耀。我也完成了一项神圣使命——成立世界上藏品最多质量最好的元青花博物馆。

2011年3月19日,"北京松堂斋博物馆元青花北美藏品展"在温哥华冬季奥运会北京馆正式开幕。加拿大多元文化部长、移民部副部长、联邦、省议员、市长等三级政要出席,中国驻温哥华领事等参加了剪彩仪式,市长特派皇家骑警护卫。加拿大艺术家、收藏家等社会各界知名人士近百人的参与使这次展览在北美产生了巨大的影响。"总要把这些宝贝安全地运回国才行啊",中国驻温哥华领事说,"你给国家文物局写个报告吧,我们领事馆给你转交上去。"经过朋友们的共同努力,这批国宝终于安全地回到了祖国。在北京松堂博物馆元青花展厅布展时,几位收藏家朋友得知我将一生收藏的元青花全部捐献给了社会,大家都有着共同的心愿,于是慷慨解囊。在这里我要特别感谢温哥华收藏家麦秋先生和北京的收藏家李鸿权先生,他们捐出了16件用毕生心血收藏的、精美的官窑元青花瓷器。众多元青花收藏家和宁志超先生到博物馆参观时,表示了对博物馆的祝贺:"你完成了我们多年的夙愿,给中华民族做了一件争脸的事!"(见本书彩图62)

2011年7月3日,北京松堂元青花博物馆正式对外开放,98件精美的元朝瓷器将永久供国人欣赏。中国国际广播电台、北京新闻、《团结报》、《潮流》杂志、《西部时报》、北京电视台《这里是北京》等媒体纷纷予以报道。北京松堂元青花博物馆的成立为广大元瓷爱好者提供了一个学习、研究交流的平台。10月26日,清华大学古陶研究会与博物馆合作，将博物馆作为元青花的研讨基地，同时博物馆根据元青花收藏家的需求，决定每个月的第一周的周日免费为藏友进行元青花的鉴定。根据众多收藏者的要求和现在收藏界、专家、学者对元青花认知的诸多观点，我写了一本北京松堂博物馆藏品研究心得的书——《中国元青花瓷鉴赏》，以我多年收藏的感悟与大家分享。如果有时间，我还要与大家分享我收藏宋瓷、永宣瓷器的心得感悟。本来那本书还想多写些内容，但只有27天的时间，接到一个电话我必须到温哥华，总有些遗憾，未尽之处，只好请读者见谅！

沉石：您的元青花博物馆是世界上藏品种类最多、质量最好的博物馆。这应该说是"中国陶瓷文化界的最重大的一件事情"。但据我了解，知道您这个元青花博物馆的人好像并不太多，这是为什么？

李松堂：近七八年来，我从国外收集了一些元朝的青花瓷器。2011年，我从北美将我在国外收藏的最后一批38件元青花和其他朝代的官窑瓷器，打了14个大木箱运回中国。在我打开木箱时候，我无比激动，多少年为国争光的理想就要实现了，我可以办世界上最大的元青花博物馆了！也算是我这几十年收藏瓷器尤其是收藏元青花的心血没有白费。

然后就是制作展台，设计灯光，摆放展品，整整忙了三个多月，当松堂博物馆元青花展馆开幕剪彩的时候，北京的收藏家和朋友们早早地就来到了博物馆，而且许明先生知道消息后，还通知了他的三十多位喜爱收藏元青花的朋友们赶来北京。成立中国的元青花博物馆，是中国所有喜爱元朝瓷器的收藏家们的共同愿望。（见本书彩图63）

朋友们一件件仔细地观看，兴奋之情溢于言表。既然是中国的第一家元青花博物馆，既然博物馆的功能是展示、研究、交流的平台，根据参观者的要求，我特意在展厅中摆放了一张木桌，我说："我今天给大家一个特权，你们共同挑选出五件元青花展品，我可以从展示柜里拿出来,让你们亲自上手摸一摸、看一看……"集合大家的意见,我把元青花"鬼谷子下山罐""萧何月下追韩信梅瓶""龙纹大背壶""龙凤纹四系扁壶""琛宝花卉纹菱口大碗",一件件给大家拿出来。收藏家们可算大饱眼福了。(见本书彩图64)

为了让人们更清楚地了解元青花的特点,我还特意准备了一件现代高仿的元青花瓷器。真假瓷器放在一起,高仿瓷便原形毕露。"原来元青花鉴定并不困难。"一个参观者感慨地说。很多人都希望我尽早出一本关于元青花鉴定的通俗读物,半年以后我的那本《中国元青花瓷鉴赏》在中国书店开始销售了。

这元青花博物馆是办起来了,可正如你所说,知道的人不太多,来看的人也不太多。我思考过原因,可能有以下几个因素:

一方面元青花博物馆兴办时间不长,人们大多不知道;另一方面我们没有刻意进行宣传,这也造成人们不太了解。我常常想,如果有更多的人知道松堂博物馆有元青花,有各种展品几千件,大部分都是讲述中华民族优秀伦理道德的,总有人愿意来吸收历史文化营养,甚至特意带孩子前来看看,因为这里不仅是现实爱国主义教育基地,也是家庭教育的好场所。

民办博物馆没有标准身份,可能影响社会认知。私人投资的博物馆先后被称为"私人博物馆""非国有博物馆""民营博物馆",现在称为"民办博物馆",身份多变,模糊不清,2010年1月29日,国家文物局、民政部、文化部等七部门联合印发了《关于促进民办博物馆发展的意见》,提出了"民办博物馆与公立博物馆同等的法律地位",但后来没有出台《意见》的具体操作方案,所以民办博物馆身份仍然模糊。身份模糊,不利于社会认知。

社会对民办博物馆的观念不清,可能造成误解。不少人用看待商人的目光看待民办博物馆,认为民办博物馆就是以盈利为目的的,忽视民办博物馆的非盈利性质和保护民族文化的作用。松堂博物馆坚持非盈利性质，出于保护民族文化的目的，年年亏钱，年年贴钱，这种非盈利实情外人并不知道。

民办博物馆特色未被社会了解，可能受到忽视。长期以来，社会上熟知国有博物馆，需要参观就去国有博物馆。后来开放民办博物馆，不少人却不知道，有的人即使知道却笼统地认为民办博物馆展品少、品质差、精品不多，不如国有博物馆展品多、品质好、精品多。松堂博物馆是民办性质，那些有参观愿望又了解松堂博物馆的人，自然会来参观欣赏。那些不了解松堂博物馆的人，可能就不来参观欣赏。

总之，对于外界不太了解松堂元青花博物馆，我不感觉意外，并相信以后会有更多的人知道并了解北京松堂元青花博物馆。

但令我至今感觉意外的是，元青花博物馆对外展出已经两年多了，没有哪个专家到现场检查指导，也没有见到任何一位专家对我的哪一件展品提出过异议。有意思的是，北京电视台给我做了一个五十多分钟的专访节目——收藏家李松堂，播出的时候我在美国没有看到。几天以后，北京电视台的记者给我打电话，说有关人员不许再播这档节目。我问为什么，他说节目中展示的永乐甜白瓷苏麻离青内画龙凤纹瓶、明成化斗彩"四妃十六子"纹饰的小盖罐，还有汝窑洗和钧窑乾隆御题鼓钉纹笔洗好几件，有的专家认为是假的，这些展品故宫都没有，不能播。北京电视台随后把这些段落都删去了，又播出一次。后来又有专家给北京电视台打电话，说这档节目还是不能播。原因是国内对元青花的主流看法早有定论："全世界元青花只有近300件，国内只有100多件"，怎么能说松堂博物馆就有98件元青花呢？后来，北京电视台把介绍元青花数目的这一段又删去了。等节目再次播出后，又有专家阻止播出，说："我们认为松堂博物馆的元青花好多是不对的，这档节目不能再播了。""禁播"实质是学术争论，但是，有关人员未检查鉴定，就说我

的瓷器是假货，这种做法难以理解。本来，松堂博物馆的元青花瓷器藏品数量已经超过了土耳其、伊朗博物馆的元青花馆藏，而且品相也不逊色，这是弘扬中华文化的好事，是为国家增光的好事，也有利于体制内文博专家的学研工作，大家都应当共同研究才是。至于真假问题，大家尽可以面对实物打假。

当然这只是极个别专家的个别行为，文博专家中勤勉负责的大有人在，如人民网2007年9月7日转《新商报》的《市民藏疑似珍稀柴窑古瓷1200万购买遭拒》文章提到的古陶瓷鉴定专家赵青云，就是一位认真负责的专家。大连市民刘志国家中藏有古瓷，邀请中国古陶瓷协会副秘书长赵青云到大连鉴定，接到邀请以后，赵青云先生亲自前往鉴定，并为珍稀古瓷写下客观评语，在今日社会留下一段热心为收藏者服务的佳话。

其实，关于"元青花全世界只有300件，国内只有100多件"的说法是一个误传。《中国艺术报》2012年9月3日第5版的《元青花藏量之争素描》一文，曾经明确澄清了"元青花全世界只有300件"是误传，该文非常重要，被新华网等多家正规大网站转载宣传。新华网于2012年9月5日以原标题《元青花藏量之争素描》转发。中国新闻网于2012年9月4日以原标题《元青花藏量之争素描》转发。中国艺术品评估委员会网（官方）于2012年9月5日以原标题《元青花藏量之争素描》转发。这篇文章发表三年后，360个人图书馆网于2015年3月1日转发，并换了一个更醒目的标题：《"全世界元青花只有三百件"说法的来源考证》。我相信，如果专家到过元青花发掘现场，或看过这篇文章，他就知道"元青花全世界只有300件"是误传，并会改变自己的原有看法。

该文说："1993年至1996年，英国牛津大学考古系博士蒋奇栖在考察土耳其、伊朗、日本等地博物馆后，得出结论：现在所知的（元青花）只有300件。此后，这句话被误传为'全世界只有300件'。然后，学者们开始数数，数数中国博物馆内的百余件元青花，就定论'民间没有'。尽管中国学术界也分化、论证，尽管在蒋奇栖考察之后国内也有元青花出土，所知的存世量在增加，但博物馆鉴定权威依然拒绝认可民间元青花。这令很多民间收藏人士大惑不解。是怕鉴定错？还是有其他原因？"

应当承认，目前国内古玩市场出现了大量的元青花瓷器，而绝大多数确实是出自景德镇的现代高、中、低档仿品。

但近几年民间确实相继发现了元青花器，而且不乏珍品。许明主编、上海社会科学院出版社2007年出版的《中国元瓷》一书，就收录有上海2006年"元代瓷器国际学术研讨会"认定的民间元青花。

现在，在事实面前，对"民间是否有元青花真品"这一问题，体制内专家的看法已经出现分化，一部分有识之士已经给予了肯定。

上海社会科学院研究员、博士生导师、著名收藏家、原《社会科学报》社长兼总编辑许明，曾于2006年11月，主持由社会科学报社、上海师范大学共同主办，来自国内外知名专家学者、收藏家200余人参加在上海师范大学隆重召开的"元代瓷器国际学术研讨会"，会后主编了《中国元瓷》一书，经过近十年调研，与各地大收藏家反复讨论，认为民间收藏的元青花真品大约有15000件之多，其中精品大约占10%。

中国文物交流中心原主任雷从云说过，"自己在北京、呼和浩特以及广东的许多地方见到过民间收藏的相当数量的元青花，已经远远不是两三千件、两三万件的问题了。"

中国古陶瓷学会副会长、故宫博物院研究员李辉柄也认为民间有元青花，他因此被人称为"疯子""神经病"。作为在专业机构工作到退休的顶级古瓷鉴定专家，他以前也认为"存世元青花只有300件"，但几年前的一次实地考察改变了他的观念。李辉柄说："有了这番亲眼目睹，我转变了观点。"

专业古瓷鉴定家大多是活到老学到老。陶瓷考古理论是随着国内外的考古发展而持续发展的：吸收新知，修正补充，吐故纳新，构建新理论，那么，专家们对自己的元青花理论，也会沿着同样的轨迹发展，不会停留在原来的水平上，到一定阶段，必然会有专业鉴定家像李辉柄先生那样改变对元青花的认知。

几年过去了，松堂元青花博物馆得到了文物管理部门的支持，受到元青花瓷器收藏家和爱好者的支持。松堂博物馆元青花展出后，我经常接到全国各地包括海外的元青花瓷器收藏家打来的电话，他们都承认我的元青花瓷器的真实性，并祝贺我创办的元青花展馆为中国的元瓷保护和收藏做出了贡献。三四年来，有上万名瓷器爱好者参观松堂元青花博物馆，至今我还没有听到哪一位大收藏家对博物馆的元青花瓷器提出过质疑。

我的元青花瓷器对社会公开展出以来，还举行了六次关于元瓷的学术研讨会，参加研讨的都是民间收藏家朋友们，遗憾的是没有专职鉴定人员前来参加。在古陶瓷领域，除了元青花，柴窑、哥窑……有无数的中国古陶瓷之谜，需要一代代的文博专职工作者和民间收藏鉴定家共同去破解。现在，国家"促进民办博物馆发展"，"积极推动民办博物馆与国有博物馆在合作中相互借鉴，共同进步，在竞争中优势互补，相互促进。"出现了各类博物馆、各类人员共同收藏研究中国古陶瓷的政策条件。收藏本是一件赏心悦目的事情，时下，沐浴着国家文物政策春风，收藏之乐无穷！

我希望所有的元青花爱好者能共同将中国元青花的收藏、保护、研究、教育等项工作健康蓬勃地开展下去。如果有可能，我将继续丰富北京松堂元青花博物馆的藏品，在增加馆藏数量中提升品质。与此同时，我还要发挥松堂博物馆特色，与国有、民办博物馆、收藏爱好者等社会各方面广泛合作,加强松堂博物馆规范化、专业化、优质化建设,争创优质民办博物馆,提高社会影响力,走可持续发展的运营之路,让博物馆灵动持续地发展下去,真正成为开拓元青花研究的基地,多出科研成果。当然,我知道这样做需要付出艰辛的努力,但我愿意!我有信心!

不是尾声的尾声

叶宝是我多年的好友,他受过良好的教育,是在知识分子家庭环境中成长的,他的太爷曾经履任过清朝的陕西巡府,在清朝属一品文官,他的叔父是中国科学院的院士,他叔父所教的学生有四位同时晋升为院士,成为中国学术界的楷模。叶宝也喜爱中国古代艺术品,那天见到我便谈起了日本的柴窑,而且有些愤愤不平。因为他见过我收藏的那件柴窑瓷器,说:"日本人总爱争第一,连我们老祖宗生产的柴窑,他们也说是他们发现的。"我说:"不管谁发现,全世界的人对中国的古瓷器感兴趣是一件好事情。"又过了几日,他告诉我,他偶遇了多年未见的老朋友沉石先生,并给我介绍说,沉石先生非常关注中国的文化,而且是中国鼎鼎有名的作家、记者。他与沉石先生说起了我的收藏,并告诉我,沉石对我的藏品非常感兴趣。随后说:"你总说写一本对中国古陶瓷研究的书,但又没见你动笔,总是忙。干脆你和沉石共同出一本关于柴窑的书吧,你才是研究柴窑的权威呢。"

几天后,我见到了沉石,他的确是个大记者、大作家,但没有一点架子,他见到所有的人都是微笑,平易近人。虽然我们初次见面,总有

一种老朋友的感觉，相见恨晚。比较起来，我就太随意了，有时我们正说着话，病人找我，说声"对不起"，我就离开了，直到事情结束才回来续谈。而且接触了几次，也没谈到柴窑这个正题，但是沉石一点也没有怪罪我。见到我还是微笑，我们渐渐地成了朋友。沉石对中国文化的热爱，表现在他对中国传统文化的深层理解和追求行动上，沉石写敦煌的那首诗，可见他在《寻找敦煌》，可见他在真切地感受传统文化，可见他对弘扬传统文化的深入思考和发现：

琵琶反弹大唐圣曲

从宇宙中拉回一个大漠弯月
带着佛国的诗韵
寻找属于千古浩瀚的敦煌
于是，在释迦牟尼的莲花前
引来瑶池西风长舞
五彩用思想雕刻下中国人的飞天

古道翻开埋藏的诗庄词媚
平仄声韵中仿佛听到遗歌远去
音符串起丝绸之路的悲风
望着黄沙红柳问孤雁
失落的阳关与莫高窟
还有那汉时的琴

从天外寄来断章的乐谱
河西长廊又响起驼蹄声声

鼓点敲打着战马驰骋

剑光在寒夜呐喊苍穹

青砖刻下悠悠悲意

还有那寂冷的日月山川

大漠沙尘的叙说

昨天的昨天留下的是敦煌的长吟

醒来了,驼铃在摇着唐宋

还有那玄奘大师留下的藏文

贞观之治书写的故事

泥土被踩出冲杀的呼声

沉积的石人铜马似乎挥刀时觉悟

失落的精神长眠成册

汉宫的秋月终于阅读了

那一章章失落的敦煌……

沉石在《敖汉,中华文明提前三千年》一文中写道:"多少年来,每个中华儿女,无不为辉煌灿烂的5000年中华民族文化而骄傲。而今,当发掘出'华夏第一村———兴隆洼文化遗址'时,一下子将中华历史文化提前了3000年,使中华民族文化5000年的历史改写为8000年。这一重大发现,不仅震惊了神州大地,而且吸引着国内外诸多考古专家、学者到'兴隆洼遗址'研究考察。新世纪第一个马年到来之际,来自国内外的考古专家、学者,云集到内蒙古赤峰市敖汉旗,亲身领略华夏第一村8000年的文化底蕴,无不感到在敖汉这片8300平方公里古老而神奇的土地上,富含着浓厚而悠久的文化魅力。"

通过了解沉石对中国历史文化的追求和理解,我相信我找到了中国

历史文化知音，我们有共同语言，可以说沉石是对中国历史文化最富有责任心的人。和他一样，我也关注中国的传统文化，感慨并致力于中华民族的伟大复兴。虽然我们以前并没有什么接触，但他的文章我都读过，我感动他那份追寻和弘扬中华民族历史文化的执着。本来我也有过要写一本关于柴窑研究的书的想法，只是因为在收藏过程中，我不断地发现了中国瓷器史上被遗忘的品种，这些发现虽然没有柴窑这样引人注目，但每个品种都在中国古陶瓷上有着极其重要的位置，于是我便考虑是一并写还是单独写。这番考虑让我的写作思路豁然顿开，我觉得收藏家发现和收藏陶瓷史上空缺的品种，是他们选择了收藏这一爱好的责无旁贷的使命，那么就应该把这些发现毫无保留地写出来，与世人共享这份珍贵。正当我构思写作之际，我结识了沉石。中国人常说缘分，看来这本书的出版也应该说是我与沉石先生的缘分吧。而且"先天下之忧而忧，后天下之乐而乐"也是我和沉石共同的信念。但愿我和沉石今后能够合作，写出更多关于保护和研究中国古代艺术品的著作。

当前，虽然中国的收藏家、陶瓷学者们对中国的陶瓷研究取得了巨大的成绩，如果我们的学术环境能够宽松一些，相信我们国家对中国古陶瓷研究也能像日本一样，形成和保持着坚持不懈地热爱和研究的良好局面。我希望与沉石先生合写的这本关于柴窑对话的书，能够抛砖引玉，引起社会对柴窑更广泛的关注。柴窑是千古之谜，它引起收藏家的关注是理所当然的。面对中国几千年的古代陶瓷艺术品而言，我们还有很多未解之谜。我们现在博物馆和收藏家手里保存的中国古陶瓷，仅仅是中国浩瀚瓷器海洋中的千分之一、万分之一而已。我相信，我们选对了方向，当年声名显赫的柴窑存世量有几十件也是可能的。汝、官、哥、钧、定再发现新的品种也是有可能的。元朝精美的瓷器，真正的皇家用瓷未现世的品种，它们一定存在。学术界在撰写明朝瓷器史时，将正统、景泰、天顺定论为中国瓷器的空白期，而且这一观点现在已经被全世界的瓷器专家所承认。自从我收藏到一件天顺带皇家纪年款的青花人物罐后，我坚信正统、景泰朝肯定也有带纪年款的官窑瓷器曾经烧造过。多年来，我一直在努力寻找包括建文、洪熙、泰昌三朝有纪年款的官窑瓷器。总有一天会有藏品向人们证明所谓的"中国瓷器空白期"是不存在的。

每个人都有自己的工作，有自己的喜好，除了满足人们自身的生存需求外，每个人都不能脱离自己的民族和国家，我们同样应该有保护和发扬民族文化的责任。收藏是一种陶冶情操、凝聚民族文化的正能量善举。中国古代瓷器官窑精品的价值，在今天的拍卖市场并没有完全体现出来。据说，现在世界各大银行逐渐用人类有价值的艺术精品取代黄金的作用。以凡高、莫奈的书画为例，瑞士银行的藏品每年以30%的价值在增长。人类古代艺术精品——中国的陶瓷精品将来一定会成为世界各大银行争相保存的、最有价值的黄金替代品。

我衷心希望中国的收藏界能有一个比较理性的收藏环境和心态。今天我将我至爱的柴窑拿出来供大家评判和欣赏，我想如果今后在有关中国古代陶瓷的所有著作中，一改"中国五大名窑"的说法，表述为柴、汝、官、哥、钧、定"中国六大名窑"，就是这本书的最大收获。国之瓷帝——柴窑，作为独占鳌头的中国瓷器榜首，终于又回到了中国古陶瓷的行列中。

李松堂

2014年10月

参考文献

参考图书

[1]（日）对中如云著.俞岚译.至宝·千年之旅——发现绝迹千年的柴窑 [M].北京：台海出版社，2007.

[2] 李知宴.陶瓷发展的历史和辨伪 [M].北京：华龄出版社，2004.

[3] 方李莉.中国陶瓷史 [M].济南：齐鲁书社，2013.

[4] 冯先铭.古陶瓷鉴真 [M].北京：燕山出版社，1996.

[5] 赵自强.柴窑与湖田窑 [M].南宁：广西美术出版社，2004.

[6] 李彦君.柴窑与耀州窑——揭开柴窑的神秘面纱 [M].北京：中国书店，2012.

[7] 吴仁敬，辛安潮.中国陶瓷史 [M].北京图书馆出版社，1998.

[8] 冯先铭.中国陶瓷 [M].上海古籍出版社，2001.

[9] 中国硅酸盐学会.中国陶瓷史 [M].北京：中国文物出版社，1982.

[10] 叶喆民.中国陶瓷史 [M].北京：三联书店，2006.

[11]（北宋）欧阳修撰，林青校注.归田录 [M].西安：三秦出版社，2003.

[12]（明）曹昭.格古要论 [M].台湾：商务印书馆，1983.

[13]（明）王佐.新增格古要论 [M].杭州：浙江人民美术出版社，2011.

[14] （明）高濂.遵生八笺 [M].合肥：黄山书社，2010.

[15] （明）文震亨著，赵菁编.长物志 [M].北京：金城出版社，2010.

[16] （明）田艺蘅著，朱碧莲校.留青日札 [M].杭州：浙江古籍出版社，2012.

[17] （清）刘廷玑撰，张守谦校.在园杂志 [M].北京：中华书局，2005.

[18] （清）朱琰著，杜斌校.陶说 [M].济南：山东画报出版社，2010.

[19] （清）梁绍壬.两般秋雨庵随笔 [M].上海古籍出版社，1982.

[20] （清）徐珂.清稗类抄 [M].北京：中华书局，1986.

[21] （民国）赵汝珍.古玩指南 [M].西安：陕西师范大学出版社，2006.

[22] 吕成龙.中国古陶瓷款识 [M].北京：紫禁城出版社，2003.

[23] （宋）司马光著，陈磊注.资治通鉴 [M].北京：中华书局，2007.

[24] 陆建初.古陶瓷识鉴讲义 [M].上海学林出版社，2003.

[25] 沈起炜.中国读本——五代史话 [M].北京：中国国际广播出版社，2009.

[26] 文晓璋.乱世明君:周世宗 [M].成都：巴蜀书社，2006.

[27] 河南省文物考古研究所.宝丰清凉寺汝窑 [M].郑州：大象出版社，2008.

[28] （宋）周煇.清波杂志 [M].上海古籍出版社，1991.

[29] 轻工业部陶瓷工业科学研究所.中国的瓷器 [M].轻工业出版社 1983.

[30] 李一，周琦.台州文化概论 [M].北京：中国文联出版社,2002.

参考期刊

[1] 王升虎. 谁见柴窑色, 雨过天青时——关于追寻"柴窑"历程断想 [J]. 景德镇陶瓷, 2010, 1.

[2] 王治国, 王晖. 揭开柴窑千年的神秘面纱 [J]. 文物鉴定与鉴赏, 2010, 4.

[3] 戴春燕, 杜锋. 浅谈古陶瓷的鉴定方法 [J]. 山东陶瓷, 2005, 3.

[4] 高功, 张继开. 探索千年之谜"柴窑"——聚焦中国柴窑文化论坛 [J]. 收藏界, 2010, 10.

[5] 毛晓沪. 显德年制款瓷片的检测及鉴定 [J]. 收藏家, 2003, 2.

[6] 赵磊. 再谈显德年制款印花碗与文献记载中的柴窑（上）[J]. 收藏家, 2010, 12.

[7] 赵磊. 再谈显德年制款印花碗与文献记载中的柴窑（下）[J]. 收藏家, 2011, 1.

[8] 秦大树. 清凉寺窑址发掘资料研读谈汝窑的管理体制 [J]. 收藏, 2010, 9.

[9] 杜正贤. 杭州老虎洞南宋官窑窑址的考古学研究 [J]. 故宫博物院院刊, 2002, 5.

[10] 刘涛. 珍珠地划花瓷器的类型与年代 [J]. 中原文物, 2002, 3.

[11] 张茂林, 吴军明, 李其江, 吴隽. 古陶瓷科技鉴定法 [J]. 文物鉴定与鉴赏, 2010, 2.

[12] 赵敬平. 柴窑"古文记载"正解 [J]. 文物鉴定与鉴赏, 2010, 5.

[13] 黄薇, 黄清华. 元青花瓷器早期类型的新发现——从实证角度论元青花瓷器的起源 [J]. 文物, 2012, 11.

[14] 朱亦梅.伊朗、土耳其藏元青花的来历[J].东方收藏,2011,9.

[15] 孙欣.国内馆藏元青花数量及特征考析[J].东方收藏,2011,5.

[16] 陈昊.元青花瓷:多元文化融合的艺术瑰宝[J].浙江学刊,2011,1.

参考报纸

[1] 郑贞富.雨过天青云破处——新安北冶寻柴窑[N].洛阳日报,2013-12-17.

[2] 王学武."柴窑"论证的基本标准[N].西安日报,2010-10-10.

[3] 郁骁.老人自称有柴窑欲捐故宫博物院[N].北京青年报,2011-7-9.

[4] 曲家乙.市民家藏疑似柴窑古瓷有人出价1200万元购买遭拒[N].新商报,2007-9-6.

[5] 杨玉峰,殷楠.神秘花瓶引发热议[N].北京晨报,2009-12-9.

[6] 职茵.第二届中国柴窑文化高层论坛在京开幕文物专家聚焦柴窑文化[N].西安晚报,2012-11-4.

[7] 孙乐琪.揭开柴窑神秘的面纱[N].北京日报,2012-11-16.

[8] 冰儿.藏友合力买回五代柴窑珍宝[N].合肥晚报,2011-8-11.

[9] 刘明祝.柴窑?[N].生活新报,2010-8-10.

[10] 张体义.郑州柴瓷研究会成立五代柴窑可能就在郑州附近[N].大河报,2009-11-19.

[11] 梁新慧,靳涛,邱琦.数百年无人见的柴瓷窑址在郑州柴窑为六大名窑之首[N].东方今报,2009-12-19.

[12] 熊堰秋,杨建敏.消失千年的柴窑就在新密?[N].郑州晚报,

2008-10-23.

[13] 叶辉. 杭州老虎洞窑址考古获重大发现 [N]. 光明日报, 2001-6-9.

[14] 曲家乙. 市民家藏稀世古瓷 有人出1200万购买遭拒 [N]. 新商报, 2007-9-6.

[15] 胡平. 曹氏手稿和柴窑瓷器漫谈 [N]. 解放日报, 2013-12-13.

[16] 纪东. 蛋壳黑陶杯超越现代技术极限 [N]. 大众日报, 2011-12-16.

[17] 刘俊. 越窑秘色瓷与柴窑的渊源 [N]. 南方日报, 2013-8-12.

[18] 白岩松. "助纣为虐"的古董鉴定 [OL]. 中央电视台, 2011-9-6.

[19] 蒲波. 元青花藏量之争素描 [N]. 中国艺术报, 2012-9-3.

[20] 张伟. 李辉柄与元青花纠结的岁月 [N]. 鞍山日报, 2009-7-13.

另外，本书用到的参考文献还有平时学用的中国史书、陶瓷类史书，还有其他信息载体如文物考古杂志、报纸、网站及各类媒体有关古陶瓷的新闻、研究文章、古窑址发掘报告等。